Karin Ackermann-Stoletzky

„Der Tag, an dem Mutti eine Waschmaschine bekam“

Karin Ackermann-Stoletzky

„Der Tag, an dem Mutti eine Waschmaschine bekam“

Geschichten zum Vorlesen für Menschen mit Demenz

Verlag | Alles, was Sinn macht!

Zur schnellen Übersicht:

 **Biografische Fragen**

 **Dekorationsideen**

 **Aktivierungsideen**

Bibliografische Information der Deutschen Nationalbibliothek
Die Deutsche Nationalbibliothek verzeichnet diese Publikation in der Deutschen Nationalbibliografie; detaillierte bibliografische Daten sind im Internet über http://dnb.d-nb.de abrufbar.

ISBN 978-3-86506-940-5

Einbandgestaltung: Brendow Verlag, Moers
Satz: Brendow Web & Print, Moers
Druck und Verarbeitung: CPI – Clausen & Bosse, Leck
Printed in Germany

www.brendow-verlag.de

Inhalt

Einführung

In diesem Buch nehme ich Sie mit in die Zeit meiner Kindheit in den 50er- und 60er-Jahren des vergangenen Jahrhunderts. Meine Eltern hatten damals wohl ihre aktivste Lebenszeit, und so wird es auch vielen Menschen gehen, die inzwischen alt geworden sind. Ich hoffe, dass diese Geschichten viele Erinnerungen bei jener Generation wachrufen und dazu animieren, ein wenig in alten Zeiten zu schwelgen.

Sie können die Geschichten in diesem Buch einfach vorlesen, Sie können sie aber auch zusammen mit den Gesprächs- und Aktivierungshilfen nutzen.

Eingefügt in die Texte und/oder am Ende jeder Geschichte finden Sie Fragen, die helfen können, in ein Gespräch zu kommen.

Außerdem gibt es hier oft auch Ideen zur Dekoration und zur Aktivierung der Sinne. Die Fragen sind immer nur als Auswahl zu verstehen. Je nachdem, wie aktiv Ihre ZuhörerInnen sich beteiligen (können), können Sie diese verwenden oder einfach überlesen.

Bei längeren Geschichten sind in den Fragen verschiedene Themenschwerpunkte angesprochen. Suchen Sie sich den Bereich aus, über den Sie sprechen möchten; alle Themenbereiche zu nutzen ist nur bei noch sehr gut orientierten ZuhörerInnen sinnvoll.

Außerdem habe ich bei längeren Erzählungen Zwischenüberschriften eingebaut. Bei ZuhörerInnen mit einer geringen

Aufmerksamkeitsspanne können Sie die Abschnitte auch als eigene Geschichte lesen.

Ich wünsche Ihnen und Ihren ZuhörerInnen viel Vergnügen und gute Begegnungen!

Karin Ackermann-Stoletzky
www.coachenlernen.de

1

Der Ort meiner Kindheit

Es ist schön, nach Hause zu kommen. An den Ort, an dem man aufgewachsen ist, an dem das Elternhaus stand.

So geht es mir jedenfalls. Auch wenn in unserem Haus heute fremde Menschen wohnen, auch wenn meine Eltern schon lange nicht mehr da sind, auch wenn der Ort sich sehr verändert hat: Mein Geburtsort ist immer noch mein Zuhause und wird es immer mehr, je älter ich werde. Das merke ich schon, wenn ich, von Solingen Richtung Norden fahrend, die Grenze meiner alten Heimat Ostfriesland erreiche: Der Himmel scheint mir höher als irgendwo sonst, die Wolkengebilde beflügeln meine Fantasie, und die weiten Landschaften geben mir ein Gefühl von Freiheit, auch nach so vielen Jahren. Nichts gegen Berge, aber ich bin eben eine Ostfriesin!

Mit Ostfriesland verbinde ich so viele Erinnerungen, schöne und schwere. Hier bin ich groß geworden, hier lebten meine Familie und meine Freunde. Meine Eltern betrieben hier eine Autowerkstatt und eine Tankstelle, Tante Adda verkaufte in ihrem „Tante-Emma-Laden“ Negerkussbrötchen, Esspapier und einfach alles, was man so zum Leben brauchte. Kleider gab es bei Fimmen, Brot bei Bäcker Eilts, und Schlachter Janssen lieferte sogar nach Hause. Schreib- und Spielwaren kaufte man bei Cassens ein, und unser Gemeindearzt, Dr. Kopas, konnte jeden seiner Patienten mit Namen ansprechen.

An all das erinnere ich mich fast besser als daran, was ich gestern gemacht habe. Und vor allem erinnere ich mich an das Gefühl, ein Kind zu sein. Ein Gefühl, das einen umarmt, wie es nur die eigene Mutter kann. Das Sicherheit vermittelt, wie es der Gedanke an meinen Vater bis heute tut. Das ich immer noch aufrufen kann, obwohl ich jetzt schon fast 60 Jahre alt bin. Ist es nicht seltsam, wie das Gedächtnis funktioniert?

Biografische Fragen

Wo sind Sie geboren?
Steht Ihr Elternhaus noch?
Wie sah der Ort aus? Fallen Ihnen noch Namen von Geschäften ein, in denen Sie immer eingekauft haben?
Sind Sie am Ort geblieben, oder sind Sie später weggezogen?
Wo ist Ihr Zuhause? An Ihrem Geburtsort oder dort, wo Sie später gewohnt haben?
Sehen Sie Ihren Eltern ähnlich?
Haben Sie Geschwister?
Können Sie sich gut an Ihre Kindheit erinnern?
Was fällt Ihnen als Erstes ein, wenn Sie an das Zuhause Ihrer Kindheit denken?

Aktivierungsidee: *alte Fotos anschauen*

Ermutigen Sie die TeilnehmerInnen, eigene Fotoalben mitzubringen und Fotos aus der Kindheit zu zeigen.
Eventuell können Sie Kinder- und Jugendfotos der TeilnehmerInnen fotokopieren und gemeinsam eine Collage daraus gestalten.
Bringen Sie auch Fotos aus Ihrer eigenen Kindheit mit!

2
Die ganze weite Welt

Manchmal habe ich das Gefühl, dass heute schon die Kinder einen vollen Terminkalender haben und nur noch selten einfach rausgehen und sich mit ihren Freunden treffen, wie wir das früher getan haben. Irgendwie scheint heute auch alles gefährlicher zu sein als zu der Zeit, als ich noch ein Kind war.

Wenn ich mit meinen Schulaufgaben fertig war, winkte ich meiner Mama zu und war weg: Ich ging raus, spielen! Draußen gab es eine ganze weite Welt, die mein Freund Marten und ich wahlweise als Indianer, Cowboys oder auch mal als Rennfahrer durchstreiften. Der Schrottplatz hinter unserem Haus war unser liebster Spielplatz. Im alten Bus richteten wir eine Wohnung ein, wir spielten „Vater, Mutter, Kind" und Marten backte Sandkuchen, die er fantasievoll mit Gras und Blumen schmückte. Grenzen setzten uns die „Mittagessen-" und die „Zuhause-sein-müssen"-Zeiten. Zwar hatten weder Marten noch ich eine Uhr, aber wir lernten schnell, die Zeit mehr oder weniger gut einzuschätzen Wenn wir sie aber doch mal vergaßen, brachte uns das eine lange Strafpredigt ein, denn das Essen stand pünktlich um 12.00 Uhr mittags bzw. um 18 Uhr abends auf dem Tisch.

Oft wusste keiner, wo wir waren, und am liebsten mochten wir verbotene Plätze. Geheime Hütten im Wald oder ein leer stehendes Haus waren unsere Verstecke. Angst hatten wir nicht (oder nur ganz selten ein klein wenig), denn wir waren ja Helden und außerdem bewaffnet mit Pfeil und Bogen. Die Pfeile hatten wir mit Messern scharf gespitzt. Sie hätten einem Gegner sicherlich Wunden zufügen können, wenn sie denn getroffen hätten, das taten sie aber nie. Denn wir zielten ja nicht auf andere Kinder, sondern auf aufgemalte Zielkreise – die wir aber auch nicht trafen. In unseren Spielen wurden wir zu wahren Schauspielern: vom Feind getroffen starben wir in dramatischen Todeskämpfen, von unseren Freunden betrauert und von den Feinden mit Jubel ins Totenreich begleitet. Die einzigen wirklichen Verletzungen waren aufgeschlagene Knie vom Rennen und blutige Finger beim Spitzen der Pfeile mit dem Messer.

Oft befanden wir uns auch auf der Jagd nach „wilden“ Tieren: Stichlinge, Frösche und Molche, Schnecken und anderes Getier wurden gefangen. Die hielten wir kurze Zeit in Einmachgläsern gefangen, um sie dann wieder unbeschadet in die freie Wildnis zu entlassen. Ob ihnen das gefallen hat? Wahrscheinlich nicht.

Biografische Fragen

Sind Sie in der Stadt oder auf dem Land groß geworden?
Wo haben Sie in Ihrer Kindheit am meisten gespielt: draußen oder drinnen?
Was waren Ihre Lieblingsspiele?
Gehörten Sie zu einer Bande?

Wer waren Ihre Spielkameraden?
Haben Sie sich beim Spiel einmal ernstlich verletzt?
Haben Sie Stichlinge oder andere Tiere gefangen? Was haben Sie dann mit Ihnen gemacht?

Dekorationsideen

Besorgen Sie eine Friedenspfeife und Indianerfedern, vielleicht einen Cowboyhut, eine Puppe, einen Stoffbären, Blechspielzeug und was immer Ihnen an ähnlichen Requisiten in die Hände fällt. Dann dekorieren Sie damit den Tisch. Alles soll so hingelegt werden, dass die TeilnehmerInnen die Sachen erreichen und in die Hand nehmen können.

Internettipp

www.puppenhausmuseum.de/spielzeug-50er-jahre.html

3
Winterspiele

Vielleicht bildet man sich das ja nur ein, aber ich habe das Gefühl, in meiner Kindheit hat es mehr Schnee gegeben als heute. Rückblickend kommt es mir vor, als ob wir jeden Winter reichlich Schnee gehabt hätten. Ich erinnere mich gut an viele Schneemänner in vielen verschiedenen Größen. Und immer hatten sie einen Topf auf dem Kopf, eine Karottennase im Gesicht, Augen aus Kohlen und Münder aus Kieselsteinen.

So einen Schneemann zu bauen war gar nicht so einfach. Zuerst rollte man einen kleinen Schneeball immer weiter durch den Schnee, bis daraus eine dicke Kugel geworden war. Dann eine etwas kleinere für den Bauch und die kleinste für den Kopf. Jetzt musste man die Kugeln noch übereinanderstapeln und dem Schneemann ein Gesicht geben: fertig! Danach war man so richtig durchgefroren und konnte einen heißen Kakao gebrauchen. Schneeballschlachten konnte ich nicht leiden. Zu oft flog mir dabei die Brille von der Nase, zu oft rutschte mir Schnee in den Kragen. Aber man konnte es sich ja nicht immer aussuchen, ob man in ein solches Schlachtengetümmel geriet: Wenn irgendwer anfing, dann musste man sich schließlich wehren.

Im Winter liebte ich besonders die Zeiten, wenn es lang genug gefroren hatte, um den Schlossteich in Lütetsburg mit einer Eisschicht zu überziehen. Dann befuhren wir mit unseren Schlittschuhen und Schlitten die vielen verzweigten Gräben, die rund um das Schloss und kreuz und quer durch den Schlosspark führten. Das war vielleicht ein Spaß! Sobald das Eis fest genug war, wimmelte es nur so von lärmenden, fröhlich über das Eis sausenden Kindern.

Der weitläufige Park umgibt Schloss Lütetsburg, und jeder durfte ihn kostenlos besuchen. Das Schloss konnten wir nur im Winter mal näher betrachten, denn es ist von allen Seiten von Wasser umgeben. Deshalb fuhren wir im Winter auf dem Eis bis zur hinteren Treppe und spähten heimlich durch die hohen Fenster. Ich hoffte immer, die Schlossbewohner einmal beobachten zu können, und erwartete irgendwie, sie würden lange Kleider und Perücken tragen. Aber ich sah sie nie.

Wenn man zu den Fenstern gelangen wollte, musste man sehr aufpassen, nicht in das Eisloch zu geraten, das für die Enten und Schwäne offen gehalten wurde. Aber soweit ich weiß, ist nie etwas passiert. Trotzdem hat mir das Loch immer etwas Angst gemacht, denn ich war nicht besonders gut im Bremsen. Meine Methode bestand darin, mich im Notfall einfach aufs Eis fallen zu lassen. Weil ich dann aber leider auf dem rutschigen Untergrund nicht mehr auf die Füße kam, krabbelte ich auf Händen und Füßen bis zum Rand und hangelte mich am Gras wieder hoch. Das sah leider ziemlich albern aus!

Der Schlosspark Lütetsburg wurde den englischen Landschaftsgärten nachempfunden. Der ganze Park ist von Gräben durchzogen, und wir alle sausten in wilder Jagd durch die Kurven. Das war ein Verkehr! Und endlich konnten wir auch die kleinen Inseln besuchen, die im Sommer nicht erreichbar waren. Besonders abenteuerlich war der Besuch der „Toteninsel“, auf der die Schlossbewohner bestattet wurden. Ich hatte schon immer viel zu viel Fantasie und erfand ständig irgendwelche Geschichten, die ich dann selbst glaubte. Und so war ich fest überzeugt, den Geist des alten Fürsten gesehen zu haben. Er lief über die Insel und schüttelte seinen Spazierstock, weil er uns von der Insel vertreiben wollte, davon war ich fest überzeugt. Marten meinte allerdings nur: „Du spinnst mal wieder!“, und fuhr lachend um die Insel herum: Bumms – legte er sich auf die Nase. Jetzt war ich dran, zu lachen. „Das hast du davon, die Rache des Fürsten hat dich erwischt!“

Ich weiß, meine Kindheit war auch nicht nur schön, aber wenn ich zurücksehe, erinnere ich mich an so viele Tage, für die ich dankbar bin!

Biografische Fragen

Wie waren die Winter in Ihrer Kindheit?
Was waren Ihre Winterspiele?
Konnten Sie Schlittschuhlaufen?
Mögen Sie Schnee und Kälte, oder sind Sie ein Sonnenkind?
Hatten Sie als Kind viel Zeit zum Spielen?

Internettipp

www.schlosspark-luetetsburg.com

Aktivierungsidee: *gemeinsam Kakao mit Sahne trinken und „Schneebälle" essen*

Die „Schneebälle" können Sie sehr gut vorbereiten und sie dann mit den ZuhörerInnen gemeinsam vollenden.

Zutaten

7 Eier, 1 Prise Salz , 2 Pck. Vanillezucker, 250 g Zucker, ½ TL Backpulver, 250 g Quark (Magerquark), 150 g Crème fraîche, 125 ml Amaretto oder ersatzweise etwas Bittermandelaroma, 400 ml Sahne, 2 Pck. Sahnesteif, 150 g Kokosraspel, 5 EL Wasser, 200 g Mehl

Biskuitteig

(Den Biskuitteig können Sie vorher zubereiten und mitbringen)
Eier trennen. Eiweiß, Salz und 5 EL Wasser steif schlagen. Gegen Ende 1 Pck. Vanillezucker und 200 g Zucker einrieseln lassen. Eigelbe einzeln darunterheben.
Mehl mit Backpulver mischen und unter die Eimasse ziehen. Auf ein mit Backpapier ausgelegtes Blech streichen. Bei 150 Grad Umluft ca. 25-30 Minuten backen. Biskuit auf ein Tuch stürzen und auskühlen lassen.

In der Gruppe vollenden Sie gemeinsam die Schneebälle:
Quark, Crème fraîche, Amaretto bzw. Bittermandelaroma, 50 g Zucker und 1 Pck. Vanillezucker in einer großen Schüssel glatt rühren.

Sahne mit Sahnesteif aufschlagen und unter die Crememasse ziehen.
Das Biskuit in feine Stücke zupfen und zu der Creme geben. Alles gut vermengen.
Einen tiefen Teller mit Kokosflocken füllen. Aus der Masse gleichmäßige Bällchen formen und in den Kokosraspeln wenden.
Die einzelnen Schneebälle in kleine Muffinförmchen aus Papier setzen und gemeinsam genießen.

4
Tante Leni

Kinder haben vor allem Freunde in ihrem Alter. Aber manchmal haben sie auch „Lieblingserwachsene“. Meine Lieblingserwachsene war die Mutter meines besten Freundes Marten und wohnte gleich nebenan. „Tante Leni“, wie wir Kinder sie nannten, war überall beliebt. Ich glaube nicht, dass ich je eine freundlichere und fröhlichere Frau getroffen habe.

Tante Leni war eine richtig gute Hausfrau. Ihr Haushalt war immer tipptopp in Ordnung. Als junge Frau hatte sie „Kaltmamsell“ gelernt. Kennen Sie den Beruf noch? Eine Kaltmamsell ist für die „kalte Küche“ zuständig, also kalte Speisen wie Kanapees, Salate, Aspiks, Vorspeise-, Fisch-, Bratenplatten und vieles mehr. Die Kaltmamsell stellt darüber hinaus Brunchs und Buffets zusammen und sorgt dafür, dass die Platten schön gestaltet sind.

Tante Leni konnte wundervoll kochen und backen. Ich liebte es besonders, wie fantasievoll sie das Essen anrichtete und dekorierte. Weil sie nur Jungs hatte, durfte ich manchmal mit ihr in der Küche arbeiten, und sie zeigte mir, wie man Fliegenpilzeier, Käse- und Mettigel und wunderbar belegte Brote machte. Besonders liebte ich es, wenn sie mir beibrachte, wie man eine kalte Platte schön anrichtet. Bald war ich fest entschlossen, später ebenfalls Kaltmamsell zu werden.

Hinter ihrem Haus hatte sie einen großen Gemüsegarten angelegt, und im Sommer durften Marten und ich uns manchmal Beeren, Möhren und Kohlrabi holen. Tante Leni kochte Rhabarbersaft, Apfelsaft, Kirschsaft – das schmeckte alles wundervoll. Und sie backte Kuchen für uns, Napfkuchen, den wir mit ihr im Garten aßen. Ich liebte Tante Leni sehr!

Meine eigene Mutter hatte mit dem großen Haushalt und ihrer Arbeit an der Tankstelle sehr viel zu tun, und deshalb blieb nicht so viel Zeit für mich übrig. Tante Leni dagegen konnte sich intensiv um ihre Kinder kümmern, und ich wurde oft einfach mit eingepackt. Dann fuhren wir nach Norden ins Schwimmbad, machten Picknick auf dem Rasen oder backten und kochten gemeinsam.

Ich finde, jedes Kind sollte solche Lieblingserwachsene haben, die auch für die Freunde ihrer Kinder noch Zeit und Liebe aufbringen!

Biografische Fragen

Hatten Sie als Kind auch „Lieblingserwachsene“? Wer war das, und warum mochten Sie diesen Menschen so gern?

Wie ist es Ihnen später, als Sie selbst erwachsen waren, gegangen? Haben Ihre Kinder ihre Freunde auch oft mit nach Hause gebracht?

Wissen Sie noch, was Sie als Kind gern werden wollten? Und was haben Sie dann später wirklich beruflich gemacht?

Kennen Sie auch noch den Beruf der „Kaltmamsell“?

Wie haben Sie in Ihren jungen Jahren kalte Buffets gestaltet? Zu welchen Anlässen? Was gehörte dazu?

Hatten Sie früher einen Gemüsegarten? Was haben Sie mit der Ernte gemacht? Haben Sie viel eingekocht?

Aktivitätsidee:
gemeinsam ein kaltes Buffet gestalten

Sie können nach dem Vorlesen der Geschichte die Erinnerungen an die kalten Buffets der Vergangenheit aufgreifen, die ZuhörerInnen nach ihren besten Rezepten für Kartoffel- und Nudelsalat oder Frikadellen fragen und einige der Gerichte am nächsten Tag gemeinsam zubereiten. Wenn Sie die Zutaten fertig mitbringen (z. B. die Kartoffeln oder Nudeln vorher kochen), hält sich der Aufwand in Grenzen.

Hier finden Sie zusätzlich noch ein paar typische „Buffetschlager“ aus den 50er- und 60er-Jahren:

Käseigel

Halbieren Sie einen kleinen Kohlkopf und umwickeln Sie ihn mit Alufolie. Dann setzen Sie ihn mit der Schnittfläche nach unten auf eine Platte.

Emmentaler oder Gouda würfeln und mit Zahnstochern oder bunten Plastikspießen auf der Rundung verteilt feststecken.

Weintrauben, Mandarinen, Oliven, kleine saure Gurken,

Radieschen, Minipartywürstchen und/oder kleine Frikadellen (Fleischpflanzerln) dazwischenstecken, bis der „Igel" viele bunte Stacheln hat. Fertig!

Fliegenpilzeier

4 gekochte Eier, 4 Tomaten, 1 Tube Mayonnaise oder 1 EL Naturjoghurt (stichfest), 5 Salatblätter oder Kresse

Zubereitung

Die gekochten, abgekühlten Eier pellen, für einen besseren Stand die Eier am stumpfen Ende etwas anschneiden.

Bei den Tomaten den Deckel abschneiden und das Innenleben mit dem Löffel herausnehmen.

Die ausgehöhlten Tomatendeckel auf die Eier setzen.

Mit der Tube Mayonnaise-Punkte (oder dem Löffelstiel des Joghurts) auf die Deckel klecksen.

Salatblätter oder Kresse als „Wiese" anrichten, Pilze draufstellen und fertig.

Kalter Hund

Dieser zuckersüße Hund ist sicherlich allen TeilnehmerInnen bekannt und weckt Erinnerungen. Am besten, Sie bereiten ihn einen Tag vorher zu, damit er gut durchkühlen kann.

Zutaten für 4 Portionen

250 g Kokosfett, 125 g Puderzucker (gesiebt), 1 Pck. Vanillezucker, 50 g Kakaopulver (gesiebt), 1/2 Fläschchen Rumaroma, 2 Eier, 300 g Butterkekse (rechteckig)

Zubereitung
Kokosfett in einem Topf zerlassen und abkühlen lassen. Puderzucker mit Vanille-Zucker und Kakao mischen und in eine Rührschüssel geben. Aroma hinzufügen.

Nach und nach Eier und das lauwarme Kokosfett mit Handrührgerät auf mittlerer Stufe unterrühren.

Die Butterkekse lagenweise abwechselnd mit der Kakaomasse in eine Kastenform (etwa 20 x 11 cm, mit Pergamentpapier ausgelegt) geben. Die unterste Schicht soll aus der Kakaomasse, die oberste Schicht aus Keksen bestehen.

Den Kekskuchen mehrere Stunden, am besten über Nacht, kalt stellen. Den Kekskuchen aus der Form auf eine Platte stürzen, Pergamentpapier abziehen. Kekskuchen in dickere Scheiben schneiden.

5
Eine gute Partie hat eine schöne Aussteuer

Den Begriff „Aussteuer" kennen die jungen Leute heute gar nicht mehr, glaube ich. Der Tochter oder Enkelin Bettwäsche, Handtücher und Schürzen für ihr späteres Eheleben zu schenken, auf diese Idee kommt heute kaum noch jemand.

Aber früher war das ganz normal. Ein unverzichtbarer Bestandteil einer Aussteuer war die „Weißwäsche", also Bettbezüge, Nachthemden, Tischdecken und Servietten, Küchenhandtücher und Schürzen. Teilweise brachte man auch nur den dafür benötigten Stoff in Form von Leinenballen mit in die Ehe oder sogar nur Flachsbündel, aus denen erst noch das Garn gesponnen werden musste. Nach Möglichkeit sollte die Aussteuer so umfassend sein, dass die Weißwäsche für das ganze Leben ausreichte. Zur Aussteuer gehörten zusätzlich auch noch Besteck und Geschirr, manchmal aber auch Schmuck, Geld oder Landbesitz. Diese Aussteuer brachte eine Frau als Braut mit in eine Ehe, und je mehr sie zu bieten hatte, umso besser war es. In früheren Generationen war das sehr wichtig, denn damit wurde eine junge Frau zu einer „guten Partie".

Ich komme vom Land, und dort war es auch in der 60er-Jahren noch ganz normal, einem kleinen Mädchen Dinge für ihre Aussteuer zu schenken. Zu jedem Geburtstag bekam ich irgendein Stück dazugeschenkt. Meine Patentante Hilla zum Beispiel schenkte mir Jahr für Jahr Silberbesteck, und ich hatte schon mit 12 Jahren eine ganze Menge Handtücher im Schrank, die ich nie benutzen durfte, weil sie „für später" waren, „wenn du mal heiratest". Meinen Sie, ich hätte mich als Kind darüber gefreut, einen Silberlöffel zum Geburtstag zu bekommen? Sicher nicht! Besonders gemein fand ich es, dass meine Brüder ganz normale Geschenke bekamen.

Alle meine Aussteuersachen wurden von meiner Mutter in Verwahrung genommen, denn in meinem Kinderzimmer wären sie nicht lange erhalten geblieben.

Meine Mutter hatte sogar noch eine Aussteuertruhe. In den vergangenen Jahrhunderten hatte eigentlich jede Frau solch einen stabilen Kasten, in dem ihre Aussteuersachen gesammelt wurden und der bei ihrer Heirat mit in ihr neues Zuhause umzog.

Als meine Mutter, wie viele andere Menschen gegen Ende des Krieges, aus Ostpreußen fliehen musste, nahm sie diese Truhe mit auf die beschwerliche und gefährliche Reise. Und in ihrer neuen Heimat war sie sehr froh über jedes Stück Wäsche und über jede Stoffbahn darin. Denn in der schweren Zeit nach dem Krieg konnte man ja nicht einfach in den nächsten Laden gehen und kaufen, was man brauchte. Man war dankbar für alles, was man benutzen oder gegen andere wichtige Dinge tauschen konnte. Vielleicht war es ihr deshalb so wichtig, dass ich ebenfalls eine „Aussteuer" bekam, und so wuchs nach und nach mein Vorrat an Handtüchern, Besteck und Sammeltassen. Heute bin ich fast 60 Jahre alt, aber einige meiner alten Aussteuersachen habe ich immer noch – die halten eben was aus. „So was stellt man heute gar nicht mehr in dieser Qualität her, man darf eben nicht an der falschen Stelle sparen!", hätte meine Mutter bestimmt stolz gesagt. Und heute, ganz anders als zur Zeit meiner Kindheit, würde ich ihr aus vollem Herzen zustimmen.

Biografische Fragen

Hatten Sie eine Aussteuer? Wie sah sie aus?
Haben Sie auch schon als Kind Aussteuersachen als Geschenk bekommen?
Hatten Sie eine Aussteuertruhe?
Wie haben Sie es bei Ihren Kindern mit der Aussteuer gehalten?

Dekorationsideen

Decken Sie den Tisch mit einer Tischdecke und Geschirr aus den 50er- oder 60er-Jahren (auf jedem Flohmarkt zu finden).

Auf der Seite www.wirtschaftswundermuseum.de/aussteuer-50er-jahre.html finden Sie eine typische Aussteuerliste aus den 50er-Jahren und verschiedene Anzeigen von damals, die man sehr gut ausdrucken, laminieren und auf dem Tisch auslegen kann. So können die TeilnehmerInnen diese in die Hand nehmen und sie sich näher ansehen.

6
Als Mutti eine Waschmaschine bekam

„Das bisschen Haushalt macht sich von allein, sagt mein Mann!“, sang Johanna von Koczian 1977. Erinnern Sie sich noch daran? *(Tipp: Eventuell können Sie den Liedtext hier vorlesen.)*

Haushalt war früher reine Frauensache, das stand sogar im Bürgerlichen Gesetzbuch (§ 1356): „Die Frau führt den Haushalt in eigener Verantwortung. Sie ist berechtigt erwerbstätig zu sein, soweit dies mit ihren Pflichten in Ehe und Familie vereinbar ist.“ So war das auch bei uns zu Hause. Meine Mutter machte die Hausarbeit, und es war ganz egal, dass sie gleichzeitig auch noch von 6 Uhr morgens bis 20 Uhr am Abend in unserer Tankstelle bediente. Haushalt war Frauensache, basta. Ich glaube nicht, dass mein Vater auch nur ein Mal eine Tasse in die Küche getragen hat. „Dafür musst du ja auch nicht in der Werkstatt helfen“, meinte mein Vater, wenn sie sich mal darüber beschwerte. Und zu den wenigen Gelegenheiten, zu denen er doch einmal etwas machen musste, ging es schief. Etwa, als Mutter einmal zwei Tage auf Reisen war und er das vorbereitete Essen anbrennen ließ.

Meine Mutter hatte ein sehr arbeitsreiches Leben. Als ich klein war, hatten wir noch nicht einmal eine Waschmaschine, was mit einem kleinen Kind und vielen dreckigen Monteursanzügen sicher kein Vergnügen war! Das Wäschewaschen war deshalb für lange Zeit der aufwendigste Teil der Hausarbeit.

Der Vorgang lief immer nach demselben Muster ab: Montag war Waschtag. Am Abend zuvor wurde die Wäsche sortiert und in verschiedenen Bottichen eingeweicht. Sie blieb über Nacht stehen. Zu Beginn des Waschtags erhitzte Mutter frühmorgens das Wasser in großen Töpfen, bevor sie dann die vorbehandelte Wäsche und Waschpulver dazugab und alles mit einem großen Holzlöffel umrührte. Nach dem Waschen nahm man die Textilstücke dann mit einer Waschzange heraus, rubbelte sie noch einmal auf einem Waschbrett und spülte sie aus. Dann wurde ausgewrungen, aufgehängt und hinterher gebügelt. Eine Heidenarbeit!

Deshalb war meine Mutter überglücklich, als sie sich endlich eine Waschmaschine leisten konnte. „Zum ersten Mal habe ich mich auf den Waschtag gefreut!“, erzählte sie mir später. „Ich war so froh, dass ich bestimmt eine Stunde vor der Maschine saß und immer wieder in Versuchung kam, den Deckel zu heben, um der Wäsche beim Waschen zuzusehen.“

„Jetzt ist die Arbeit im Haushalt ja nun wirklich ein Klacks!“, meinte mein Vater dazu nur. „Da hat er Glück gehabt, dass ich grade keine nasse Wäsche in der Hand hatte!“, hat Mutter erzählt und dabei gelacht. Sie kannte eben ihre Pappenheimer!

Biografische Fragen

War bei Ihnen zu Hause die Hausarbeit auch Frauensache?
Waren Sie berufstätig?
Hatten Sie Spaß an der Hausarbeit? Was haben Sie gern gemacht, was nicht so gern?
Haben Sie noch die Zeiten kennengelernt, in denen man die Wäsche per Hand erledigen musste?
Hatten Sie von Anfang an eine Waschmaschine?
Wie sah Ihre erste Waschmaschine aus?
Gab es bei Ihnen einen Waschtag?
Oft hat man ja Probleme, die Flecken rauszubekommen. Kennen Sie besondere Hausmittel gegen Flecken?

Dekorationsidee

Es gibt viele nostalgische Waschmitteldosen zu kaufen, und im Internet finden Sie viele alte Plakate mit Waschmittelwerbungen (einfach bei Google „alte Waschmittel" eingeben).

Füllen Sie solche Dosen mit verschiedenen Waschmittelsorten, und verteilen Sie diese zusammen mit ausgedruckten alten Werbungen auf dem Tisch. Öffnen Sie einzelne Dosen, sodass man das Waschpulver riechen kann (nur aufpassen, dass niemand davon probiert).

Aktivierungsidee: *gemeinsam ein Lied singen*

Stellen Sie einen Korb mit ungefalteter, frisch gewaschener Wäsche neben den Tisch.

Singen Sie gemeinsam das Lied: „Ein bisschen Haushalt“ Hier finden Sie es auf Youtube: https://www.youtube.com/watch?v=NoZ050vCa8c.

Dazu den Text in Großdruck kopieren (ist ebenfalls im Internet leicht zu finden).

Internettipp

www.das-waren-noch-zeiten.de bietet viele Bilder und Werbeanzeigen aus den 50er- und 60er-Jahren, die sich gut eignen, um Gespräche anzuregen.

Auf www.mal-alt-werden.de/category/aktivierungen finden Sie kostenlose Aktivierungskarten rund um das Thema Haushalt/Kleidung zum Herunterladen, Ausdrucken und Laminieren.

7
Die neue Flimmerkiste

Ich bin mir nicht mehr ganz sicher, in welchem Jahr wir unser erstes Fernsehgerät bekamen. Ich glaube, es war 1964, und ich war damals sechs Jahre alt.

Wir bekamen das Gerät in der Vorweihnachtszeit, und in unserer Nachbarschaft gehörten wir zu den ersten Fernsehbesitzern.

Damals sendete man noch in Schwarz-Weiß, und die Bildschirme waren relativ klein. Den größten Teil des Tages blieb der Fernseher ausgeschaltet, da es außer dem Testbild nichts zu sehen gab. Die Fernsehsendungen begannen unter der Woche meist erst gegen 17 Uhr.

Aber was man dann alles zu sehen bekam! Zuerst kamen die Nachrichten, danach lief eine Unterhaltungsserie, eine Dokumentation oder eine Kultursendung, die etwas länger als 20 Minuten dauerten. Anschließend kamen das Sandmännchen („Nun, liebe Kinder, gebt fein acht, ich hab euch etwas mitgebracht"), dann wieder die Nachrichten und im Anschluss daran das Abendprogramm.

Samstags gab es die Westernserie „Bonanza". Können Sie sich daran noch erinnern? *(erzählen lassen!)* Die Cartwrights, Vater Ben und seine Söhne Adam, Hoss und Little Joe, lebten mit ihrem chinesischen Koch Hop Sing als Rinderzüchter auf der Ponderosa-Ranch. Jede Woche gerieten sie in ein neues Abenteuer mit Revolverhelden und Indianern. Und obwohl ich natürlich nicht zu viel vor dem Fernseher sitzen durfte: Die Cartwrights durfte ich vor dem Baden immer sehen.

Eine andere Serie, die ebenfalls samstags lief, war „Daktari“. Ein heldenhafter Tierdoktor kämpfte in Afrika gegen Wilderer oder kümmerte sich auf der Wamaru-Tierstation um verletzte Tiere.

„Hast du am Samstag ‚Daktari‘ gesehen?“, war häufig die erste Frage, die vor Schulbeginn auf dem Schulhof gestellt wurde. Wer zu Hause keinen Fernseher hatte (und das waren gar nicht so wenige), hatte Pech und war von den wichtigsten Gesprächsthemen ausgeschlossen.

Wir Kinder verabredeten uns oft, um gemeinsam fernzusehen. Die Sendungen für Kinder kamen immer nachmittags. Ich liebte besonders die „Kinder aus Bullerbü“. Kennen Sie die auch noch? *(Wieder erzählen lassen)* Und am Abend trafen Marten und ich uns zum „Sandmänchen“: „Kommt ein Wölkchen angeflogen, schwebt dabei ganz sacht – und der Mond am Himmel droben, hält derweil schon Wacht. Abend will es wieder werden, alles geht zur Ruh. Und die Kinder auf der Erde machen bald die Äuglein zu. Doch zuvor – von fern und nah ruft‘s: Das Sandmännchen ist da“, lautete der Text des Anfangsliedes, das wir beide ohne Probleme mitsingen konnten.

Schon bald war das der feste Abschluss jeden Tages, und danach ging es ins Bett.

Am Samstagabend liefen beliebte Shows. Weil am nächsten Tag ja keine Schule war, durfte ich manchmal dabei sein, und es fühlte sich wie etwas ganz Besonderes an, wenn wir alle beieinander saßen und Erdnussflips aßen. Besonders mochte ich die Sendung „Einer wird gewinnen" mit Hans-Joachim Kulenkampff. Den fanden wir alle sehr witzig, und wir lachten sehr, wenn sein Butler ihn wieder einmal auf den Arm nahm.

Die Lieblingsserie meiner Mutter war „Unsere Hesselbachs". Diese erzählt vom Alltagsleben der Familie Hesselbach irgendwo im Hessischen. Karl „Babba" Hesselbach war der Besitzer einer kleinen Verlagsdruckerei, Verleger der Wochenzeitung *Weltschau am Sonntag* und mit „Mamma" Hesselbach verheiratet.

Mutter liebte natürlich auch „Die Unverbesserlichen" mit Inge Meysel in der Rolle der Käthe Scholz und Josef Offenbach in der Rolle des Familienvaters Kurt Scholz. Erinnern Sie sich auch noch daran?

Es ist schon spannend, wie viele dieser alten Filme und Serien noch in meinem Kopf herumspuken.

Biografische Fragen

Wissen Sie noch, wann bei Ihnen zu Hause das erste Fernsehgerät angeschafft wurde?
Hatten Sie eine Lieblingssendung?
Hatten Sie Lieblingsschauspieler?
Fallen Ihnen auch noch einige der Fernsehshows von damals

ein? (Beispiele: Zum blauen Bock, Der große Preis, Vergißmeinicht, Der goldene Schuß, Musik ist Trumpf, Am laufenden Band, Auf los geht's los ...)

Dekorationsidee

Im Internet finden sich sehr viele Bilder aus alten Serien, die Sie ausdrucken, laminieren und auf dem Tisch verteilen können (nur Schwarz-Weiß-Bilder auswählen). Dazu stellen Sie Apfelschorle und Erdnussflips.

Aktivierungsidee: *Fernsehstars raten*

Im Internet finden Sie viele Fotos ehemaliger Filmstars. Drucken Sie diese aus, und laminieren Sie sie. Drucken Sie sich als Gedächtnisstütze auch zu jeder Person ein paar Informationen aus, die Sie auf die Rückseite der Karte kleben.

In der Gruppe halten Sie die Bilder hoch. Die TeilnehmerInnen sollen raten, wer darauf abgebildet ist, und erzählen, was ihnen zu dieser Person einfällt.

Dasselbe können Sie natürlich mit Filmplakaten oder Bildern von Sängern, Bands oder Politikern machen, etwa Kennedy oder Adenauer. Ebenso mit Bildern von Alltagsgegenständen oder den Heimatorten der ZuhörerInnen ... Nach und nach schaffen Sie sich so einen Fundus an Abbildungen, den Sie in unterschiedlichen Situationen zum Gesprächseinstieg nutzen können.

Aktivierungsidee: *Quiz*

Lesen Sie bei folgenden Werbesprüchen jeweils den Anfang vor und lassen Sie raten, wofür geworben wurde:

- Wer wird denn gleich in die Luft gehen? (HB, Zigaretten)
- Wenn einem so viel Gutes widerfährt, das ist schon ...? (einen Asbach-Uralt wert)
- Drei Dinge braucht der Mann: Feuer, Pfeife ...? (Stanwell, Pfeifentabak)
- Er läuft und läuft und läuft. (VW Käfer)
- Keiner wäscht reiner! (Omo, Waschmittel)
- Nicht nur sauber, sondern rein! (Ariel, Waschmittel)
- ... macht Kinder froh, und Erwachsene ebenso! (Haribo)
- Frau ... bringt Käse aus Holland! (Frau Antje)
- ... macht müde Männer munter! (Milch)
- So leicht, der schwimmt sogar in Milch! (Milky Way-Schokoriegel)

Für die Auflösung können Sie im Internet nach entsprechenden Bildern suchen, außerdem sind bei YouTube fast alle Werbeclips zu finden. Falls Sie die YouTube-Clips nicht herunterladen können: Im Internet finden Sie YouTube-Downloadapps, damit geht das sehr gut.

Internettipp

Werbung der 50er- und 60er-Jahre: www.youtube.com/watch?v=9R4wS7RzpXw

8
Der Tag, als es Hawaiitoast gab

Am 20. Februar 1953 war es so weit: Die erste Kochshow wurde im deutschen Fernsehen ausgestrahlt. Clemens Wilmenrod nannte sich der Koch, der eigentlich Carl Clemens Hahn hieß und aus Wilmenrod stammte. Wilmenrod war eigentlich auch gar kein Koch, sondern Schauspieler, und seine Gerichte wurden in Wirklichkeit hinter den Kulissen von seiner Frau zubereitet. Aber er war charmant und selbstbewusst, und so begeisterte er die Nachkriegsgeneration bis 1962 in seiner Kochsendung mit neuen Kreationen. Dabei nutzte er ausgefallene Zutaten wie Ketchup oder Roquefort ebenso wie beliebte Dosenprodukte, etwa Ananas.

Meine Mutter war eine wunderbare Köchin. Ich weiß, irgendwie scheinen das die meisten Kinder von ihren Müttern zu denken, aber ich erinnere mich genau daran, wie gut mir ihr Essen immer geschmeckt hat. Das konnte man leider auch sehen, ich war schon früh rund wie ein Klops.

Mutter hatte neben dem Haushalt und der Sorge für die Familie noch die Organisation und Bedienung unserer Tankstelle zu bewältigen, für die sie zuständig war. Das ging morgens um 6 Uhr los, und erst um 20 Uhr hatte sie Feierabend.

Unser Haus lag direkt neben der Tankstelle, und wann immer ein Auto vorfuhr, um betankt zu werden, musste sie Kochtöpfe, Putzeimer und was auch immer von einem Augenblick zum nächsten stehen lassen und rauslaufen, um den Kunden zu bedienen. Oft stürmte sie dann schimpfend zur Tür: „Kann man denn hier nie in Ruhe irgendwas machen!" Aber sobald sie die Tür öffnete, lächelte sie den Kunden strahlend an und rief: „Was kann ich für Sie tun?" Irgendwie schaffte sie es trotzdem jeden Tag, ein wunderbares Essen zu zaubern, und das immer pünktlich: Das Mittagessen stand um 12 Uhr auf dem Tisch, das Abendessen um 18 Uhr.

Meine Mutter kochte „bürgerlich". Einmal die Woche gab es Eintopf, einmal Milchreis, Pfannkuchen oder arme Ritter, freitags Fisch und samstags Suppe. Ich liebte besonders ihren „falschen Hasen". Kennen Sie den auch noch? Sonntags gab es immer ein Drei-Gänge-Menü: Suppe, Braten mit Rotkohl, Blumenkohl und einer würzigen braunen Soße. Zum Abschluss noch Vanille- oder Schokopudding. Ich kann mich bis heute noch an den Geschmack erinnern!

Wenn sie zwischendurch mal etwas Ruhe hatte, saß sie in der Essecke (von da konnte man die Tankstelle am besten übersehen), und der Fernseher lief, während sie sich mit der Familie oder Besuchern unterhielt und Kaffee trank. Beim nächsten Kunden sauste sie hinaus und machte beim Zurückkommen genau da weiter, wo sie aufgehört hatte. Der Fernseher war dabei nur Hintergrundmusik, außer wenn Herr Wilmenrod auftrat, dann mussten alle still sein. Ich glaube fast, sie hat ein wenig für ihn geschwärmt. Hin und wieder versuchte sie sich sogar an einem seiner Rezepte, aber in unserer konservativen Familie kam sie damit nicht besonders gut an.

Etwa, als sie uns eines Tages mit Hawaiitoast überraschte. Mein Vater und meine Brüder waren gerade aus der Werkstatt zurückgekommen, meine Schwester Uschi aus dem Büro, ich von der Schule, und alle waren wir hungrig wie die Bären. Als Mutter mit einer Platte voller Toasts hereinkam, entgleisten meinem Vater fast die Gesichtszüge. „Hawaiitoast!", flötete Mutter etwas nervös und verteilte das Ergebnis ihrer Mühen auf unseren Tellern.

„Und wann kommt was zu essen?", fragte mein Bruder Johann. Hans, der älteste Bruder, stocherte in der Ananas und fragte: „Gibt's heute den Nachtisch zuerst?", und mein Vater meinte nur: „Wat de Bur ne kent, dat fret he nich!" (Was der Bauer nicht kennt, das frisst er nicht). Und ich? Ich war damals noch sehr klein, und laut Aussage meiner Mutter fand wenigstens ich den Hawaiitoast wunderbar. „Kein Wunder", meinte mein Bruder später dazu, „du hast ja eh immer alles gegessen, was nicht schnell genug weglaufen konnte."

Das war es dann gewesen mit den Ausflügen meiner Mutter in die exotische Küche. Von da an hat sie Wilmenrod nur noch im Fernsehen bewundert, aber ohne seine Gerichte nachzukochen. Schade eigentlich!

Biografische Fragen

An welches Essen aus Ihrer Kindheit können Sie sich besonders gut erinnern? Was mochten Sie am liebsten, was mochten Sie gar nicht?

Sehen Sie sich manchmal Kochsendungen an? Erinnern Sie sich auch noch an die Kochsendungen mit Herrn Wilmenrod?

Haben Sie früher auch Hawaiitoast gegessen? Und wie hat es Ihnen geschmeckt?

Haben Sie gern verschiedene neue Gerichte ausprobiert, oder sind Sie ein Freund von „Hausmannskost"?

Was haben Sie am liebsten gekocht?

Haben Sie in Ihrer Familie alle zusammen gegessen? Wer war bei den Malzeiten alles dabei?

Durfte man aufstehen, wenn man fertig war?

Gab es ein Tischgebet?

Aktivierungsidee: *gemeinsam Hawaiitoast machen*

Gemeinsam zu kochen und zu essen tut der Seele gut. Dieses Rezept ist wirklich sehr leicht umzusetzen, schmeckt gut und weckt Erinnerungen. Und wie wäre es danach mit Wackelpudding?

Hawaiitoast

Zubereitungzeit: 30 bis 60 Minuten, kann sehr gut gemeinsam zubereitet werden.

Zutaten (8 Portionen)

8 Scheiben Toastbrot

4 EL Butter

8 Scheiben Ananas (Dose)

8 Scheiben gekochter Schinken

8 Scheiben Käse (Scheibletten)

evtl. Preiselbeeren (Glas)

Zubereitung

Den Backofen auf 220°C (Umluft 200°C) vorheizen.

Toastscheiben toasten und mit Butter bestreichen.

Die Ananas abtropfen lassen.

Toastscheiben nebeneinander auf ein Backblech legen und mit dem Schinken belegen.

Je eine Ananasscheibe darauflegen, mit Käse bedecken und im heißen Ofen (Mitte) in 10-15 Minuten goldbraun überbacken.

Zum Servieren nach Belieben je 1/2 EL Preiselbeeren in die Mitte der Ananas setzen.

9
Lohntüten und Sammelbildchen

Als ich sehr klein war, arbeitete mein Vater als Lastwagenfahrer in Hannover und kam nur an den Wochenenden zu uns nach Ostfriesland. Ich kann mich gar nicht mehr daran erinnern, aber meine älteren Geschwister wissen das noch gut.

Mein Bruder Johann hat mir zum Beispiel von der „Lohntüte" erzählt, die Vater ein Mal im Monat heimbrachte.

Kennen Sie noch die „Lohntüten"? Nicht jeder Mensch hatte Anfang der 60er-Jahre ein Bankkonto. Deswegen wurde der Lohn häufig in bar ausgezahlt. Das Geld steckte dabei in einer Tüte, auf der die Lohnabrechnung, also der Bruttolohn, die Abzüge und der Auszahlungsbetrag, notiert war – die Lohntüte eben. So konnte man seinen Verdienst sofort nachzählen und darüber verfügen. Manchmal verringerte sich der Betrag auf dem Nachhauseweg allerdings, weil damit gleich etwas eingekauft oder in einer Kneipe Rast gemacht wurde.

Damals war der Samstag noch ein normaler Arbeitstag, und so kam mein Vater meist erst am Samstagabend nach Hause. Mein Bruder wusste immer ganz genau, wann Papa mit seiner Lohntüte heimkam, und meist brachte er den Kindern eine Kleinigkeit mit. Mein Bruder Johann fieberte dabei vor allem den Fußballsammelbildchen entgegen, die mein Vater manchmal dabeihatte. Die sammelte damals fast jeder Junge, man bekam sie in kleinen Tütchen am Kiosk und versuchte, alle

Spieler einer Serie zusammenzubekommen. Die doppelten Bilder wurden getauscht oder „geschabbelt". Schabbeln lief folgendermaßen ab: Gemeinsam mit anderen Jungen nahm man seine doppelten Sammelbilder zwischen zwei Finger und warf sie gegen ein ca. zwei bis drei Meter entferntes Hindernis, z.B. eine Hausmauer. Wessen Bild am dichtesten an der Mauer lag, der durfte alle Bilder noch einmal aufnehmen und in die Luft werfen. Zuvor musste er raten, ob anschließend mehr Bilder mit dem „Bild" oder der „Schrift" nach oben liegen bleiben würden. Waren die Karten dann auf dem Boden gelandet, hatte er diejenigen gewonnen, die mit der Seite nach oben lagen, die er geraten hatte.

In vielen Familien war es damals üblich, dass der Vater der Mutter das „Haushaltsgeld" zuteilte, mit dem sie dann die laufenden Kosten bestritt. Bei uns gab mein Vater seine Lohntüte zu Hause ab, denn das Geld wurde von meiner Mutter verwaltet. Vater behielt sein Taschengeld, mit dem er in Hannover auskommen musste, der Rest war für die Familie. „Das ist auch ganz gut so", sagte meine Mutter, denn mein Vater war ein großherziger und freigiebiger Mensch, der lange nicht so gut wirtschaften konnte wie sie. „Ja, das ist wirklich ganz gut so", meinte auch mein Vater, dem es sehr wichtig war, seine Familie gut versorgt zu wissen.

Biografische Fragen

Kennen Sie auch noch „Lohntüten“?

Wie war das in Ihrer Jugend, wer verwaltete das Geld in der Familie?

Gab es bei Ihnen auch ein festes Haushaltsgeld?

Haben Sie Sammelbilder gesammelt? Welche?

Und Ihre Kinder – waren das auch Sammler?

Besitzen Sie vielleicht sogar noch ein altes Sammelalbum?

10
Kittelschürzenchic

Mutter trug immer ihre Hausfrauen-Uniform: die Kittelschürze. Knopfleiste vorn, Arme frei, Baumwolle (später Kunststoff), möglichst bügelfrei, kleingeblümt oder uni. Nur wenn sie Einkäufe machte, Familienfeste besuchte oder zum Friseur ging, sahen wir unsere Mutter in anderer Kleidung. Ansonsten trug sie immer ihre Kittelschürze.

Die Kittelschürze war in jeder Hinsicht praktisch. Morgens wurde sie schnell über Rock und Bluse gezogen, und schon war man für den Tag gewappnet. Wenn beim Putzen oder Kochen ein Fleck auf die Kleidung kam, an der Tankstelle Benzin überschwappte oder beim Ölprüfen ein Tropfen danebenging: Die Kittelschürze fing alles auf und wurde zur Not rasch ausgewechselt.

Damals fiel Mutter mit ihrer Kittelschürze nicht auf, denn es war die Uniform aller Frauen in der Straße. Frau Krüger im Haus rechts von uns trug sie beim Bedienen in ihrem Laden, und unsere Nachbarin, Tante Leni, trug sie bei der Hausarbeit. Wenn Herr Kimme mit dem Milchwagen laut klingelnd an der Straße hielt, trafen sich alle Kittelschürzenträgerinnen adrett gewandet zu einem kurzen Schwätzchen in der Warteschlange.

Wenn Mama aber in den Ort ging, machte sie sich fein. Die Schürze blieb dann an ihrem Haken, und meine Mutter rauschte in einem flotten Kostüm und mit ihrer Handtasche im Arm davon. Die Haare waren immer ordentlich frisiert – meine große Schwester drehte sie ihr einmal pro Woche in der Wohnstube auf große Wickler, damit die Frisur in Fasson blieb, und einmal im Monat ging es zur Dauerwelle. Vor dem Rausgehen benutzte sie auch noch einen Spritzer 4711, Uralt Lavendel oder ihr teures Parfüm, „Juchten". Das gibt es heute nicht mehr, aber ich erinnere mich immer noch an den angenehm herben Duft.

Ich war zu Hause das „Nesthäkchen", mit weitem Abstand das jüngste der Geschwister. Meine älteste Schwester war schon vor meiner Geburt in Dortmund „in Stellung" gegangen. Bei uns lebten meine beiden Brüder und meine Schwester Uschi, und auch sie war schon längst eine junge Dame, als ich noch klein war. Ich fand sie immer so hübsch anzusehen, und sie war natürlich noch viel moderner gekleidet als meine Mutter.

Ich finde, die Kleider Anfang der 60er-Jahre waren für ihre Trägerinnen sehr schmeichelhaft. Sie hatten oft ein schmales Oberteil, eine schmale Taille und weite, schwingende Röcke, die man auch „Tellerrock" nannte. Zum Ausgehen wurden häufig Petticoats darunter getragen. Das ist ein bauschig-weiter Unterrock aus versteiften Nylonstoffen mit rüschen- und spitzenverzierten Stufen. Meine Schwester Uschi konnte diese Kleider mit ihrer schmalen Taille perfekt tragen. Besonders gefiel sie mir, wenn sie in ihren kurzen, dunklen Locken ein passendes Haarband trug. Ich fand, dass meine große Schwester schön wie eine Prinzessin war, nein: Viel schöner! Als Ende der 60er-Jahre die kürzeren, gerade geschnittenen Cocktailkleider aufkamen, gefiel mir das nicht halb so gut.

Es ist schon seltsam, was einem Menschen alles in Erinnerung bleibt und was vergeht. Mutters Kittelschürzen und meine Schwester in ihrem lindgrünen Kleid jedenfalls werde ich bestimmt nie vergessen!

Biografische Fragen

Wie fanden Sie die Kittelschürzen?
Haben Sie selbst früher Kittelschürzen getragen?
Was war in jungen Jahren Ihr liebstes Kleidungsstück?
Hatten Sie irgendwann ein Petticoatkleid? (Als Frage für Männer: Wie fanden Sie die weiten Petticoatkleider früher?)

Dekorationsidee

Besorgen Sie einige Kittelschürzen, und legen Sie sie auf den Tisch. Vielleicht ziehen Sie sich auch selbst so eine Schürze über?

Aktivierungsidee: *gemeinsam eine kleine Modenschau veranstalten*

Es ist gar nicht so schwer, sich einige der in der Geschichte beschriebenen Kleidungsstücke zu besorgen. Gute Quellen sind das Internet, Secondhandläden und ältere Verwandte, die oft wahre Schätze in ihren Kleiderschränken aufbewahren.

Sie brauchen jetzt nur noch einen Laufsteg (Teppichläufer), flotte 50er- und 60er-Jahre-Musik, ein paar mutige Models und einen unterhaltsamen „Modenschau-Conférencier" (sprich: Moderator) – und schon kann es losgehen.

11
1000 Sprichwörter und ein Poesiealbum

Bei uns im Ort gab es eine ältere Dame, mit der ich mich besonders gern unterhielt. Frau Schiller war nämlich die Frau der 1000 Sprichwörter: Zu jedem Thema fiel ihr ein Sprichwort ein!

Wenn ich sie morgens grüßte, kam als Antwort: „Morgenstund hat Gold im Mund!“, oder auch „Der frühe Vogel fängt den Wurm!“ Mittags hieß es: „Erquicklich ist die Mittagsruh, nur kommt man nicht so oft dazu“, und am Abend hörte man: „Scheint die Sonne noch so schön, einmal muss sie untergehn“.

Regen kommentierte sie mit: „Es regnet, Gott segnet.“ Da konnte ich aber dann auch mal mithalten und ergänzte singend: „Mach mich nicht nass, mach mich nicht nass, mach nur die bösen Kinder nass!“ Und Frau Schiller lächelte mich an.

Als ich einmal im Vorbeirennen grüßte, hörte ich: „Wer langsam und besonnen geht, doch oft zuerst am Ziele steht.“

Manche fanden Frau Schiller vielleicht etwas wunderlich, aber ich mochte sie sehr gern. Auch weil sie meine beste Quelle für Poesiealbumsprüche war. Hatten Sie ein Poesiealbum? Bei uns hatte das eigentlich jedes Kind. Das waren meist quadratische Bücher, die man seinen Freunden, aber auch nahestehenden Erwachsenen mitgab, damit sie einen Vers, einen Merksatz oder etwas anderes Witziges hineinschrieben. Diesen Brauch gibt es schon sehr viele Jahre, er entstand bereits im 16. Jahrhundert. Von hier stammt der Begriff „Jemandem in das Stammbuch schreiben".

Bekam man ein Poesiealbum überreicht, gestaltete man die Seite so schön wie möglich. Man benutzte für den Sinnspruch seine schönste Schrift und schmückte ihn mit den berühmten Glanzbildchen. Darunter folgte meist noch ein Gruß wie „Zur Erinnerung an deine Mitschülerin" oder „Zum Andenken an deine Schulzeit", der Name des Schreibers und das Datum des Eintrags. Der Spruch stand meist auf dem rechten Blatt des Albums, das linke Blatt wurde in der Regel durch eine oder mehrere aufgeklebte Glanzbildchen verziert. Nicht immer passte das gewählte Motiv des bunten Bildchens zum gewählten Spruch. Das störte den Eigentümer des Albums aber nicht – Hauptsache, das Bild war möglichst bunt und glänzend.

Manche Sprüche fand man in jedem Poesiealbum, wie zum Beispiel:

Wenn Du einmal traurig bist,
und das Lachen ganz vergisst,
schau in dieses Album rein:
bald wirst Du wieder fröhlich sein!

Besonders beliebt waren auch:

Rosen, Tulpen, Nelken,
alle Blumen welken,
nur die eine nicht,
und sie heißt Vergißmeinnicht.

Oder:

Bis die Flüsse aufwärts fließen,
bis die Hasen Jäger schießen,
bis die Mäuse Katzen fressen,
solang werd ich dich nicht vergessen!

Aber ich hatte den Ehrgeiz, Sinnsprüche zu finden, die nicht jeder schrieb. Und da war Frau Schiller eine gute Quelle. Mein Lieblingsspruch von ihr war:

Zweifle an der Sonne Klarheit,
zweifle an der Sterne Licht,
zweifle, ob lügen kann die Wahrheit,
nur an meiner Freundschaft nicht.

Schön fand ich diesen Spruch, und ich schmückte die Seiten mit Herzchen, Engelbildern und vielen Blumen.

Mein Poesiealbum ist schon lange verloren gegangen, aber die Erinnerung daran – und an Frau Schiller – ist noch da.

Biografische Fragen

Hatten Sie ein Poesiealbum?
Wer durfte in Ihr Album schreiben? Nur andere Kinder oder auch Erwachsene?
Erinnern Sie sich noch an Poesiealbumsprüche?
Haben Sie als Kind auch Glanzbildchen gesammelt?
Welches waren Ihre liebsten Motive?

Dekorationsidee

Bereiten Sie einige DIN-A4-Blätter vor, auf die Sie mit einem dicken Stift Poesiealbumsprüche schreiben, und dekorieren Sie diese Blätter mit Glanzbildern. Vielleicht haben Sie zu Hause sogar noch selbst ein altes Poesiealbum? Dann bringen Sie es mit. Dekorieren Sie den Tisch mit Ihren Sprüchen, und verteilen Sie Glanzbildbögen auf dem Tisch.

Aktivität in der Gruppe: *Sprichwort ergänzen*

Ein Sprichwort ist ein allgemein bekannter Satz, der eine Lebensregel in kurzer Form zusammenfasst. Alte Menschen sind eine wunderbare Quelle solcher Sprichwörter. Es macht Spaß, diese in der Gruppe miteinander zu sammeln oder sie gemeinsam zu ergänzen.

Wenn Sie Sprichwörter sammeln wollen, müssen Sie nichts tun, als einfach irgendein Sprichwort laut auszusprechen, am besten eines, das gerade auch zur Situation passt. Zum Beispiel: Beim gemeinsamen Essen sagen Sie laut vor sich hin: „Nach dem Essen sollst du ruhn oder tausend Schritte tun!" Und dann fragen Sie einfach in die Runde, ob jemand dieses Sprichwort auch kennt und wem noch andere einfallen.

Beim Sprichwort-Ergänzen fangen Sie einen Satz an und lassen ihn von den anderen ergänzen, z. B.:

Aller Anfang ist ... (schwer)

Besser ein Spatz in der Hand, als ... (eine Taube auf dem Dach)

Hier finden Sie eine Liste mit Sprichwörtern:

- Aller Anfang ist schwer.
- Aller guten Dinge sind drei.
- Alles hat seine Zeit.
- Alle Wege führen nach Rom.
- Alte Liebe rostet nicht.
- Aufgeschoben ist nicht aufgehoben.
- Aus den Augen, aus dem Sinn.
- Besser ein Spatz in der Hand als eine Taube auf dem Dach.
- Besser spät als nie.
- Bier auf Wein, das lass sein; Wein auf Bier, das rat ich dir.
- Borgen macht Sorgen.
- Das Ei will klüger sein als die Henne.
- Dem Glücklichen schlägt keine Stunde.
- Der Apfel fällt nicht weit vom Stamm.

- Der Appetit kommt beim Essen.
- Der erste Schritt ist der schwerste.
- Der Klügere gibt nach.
- Der Mensch denkt und Gott lenkt.
- Der Schein trügt.
- Der Zweck heiligt die Mittel.
- Die Ausnahme bestätigt die Regel.
- Dienst ist Dienst, und Schnaps ist Schnaps.
- Durch Schaden wird man klug.
- Eile mit Weile.
- Eine Hand wäscht die andere.
- Eine Schwalbe macht noch keinen Sommer.
- Ende gut, alles gut.
- Es ist nicht alles Gold, was glänzt.
- Freunde in der Not gehen hundert auf ein Lot.
- Friede ernährt, Unfriede verzehrt.
- Gegensätze ziehen sich an.
- Geld regiert die Welt.
- Hast du es eilig, so nimm dir Zeit.
- Hunde, die bellen, beißen nicht.
- In der Kürze liegt die Würze.
- Jeder ist Herr in seinem Hause.
- Jeder ist seines Glückes Schmied.
- Jeder Topf findet seinen Deckel.
- Keine Flamme ohne Rauch.
- Kleider machen Leute.
- Lass die Sonne nicht untergehen, ehe du verzeihst.

- Man muss das Eisen schmieden, solange es heiß ist.
- Morgen, morgen, nur nicht heute, sagen alle faulen Leute.
- Morgenstunde hat Gold im Munde.
- Nach dem Essen sollst du ruhn oder tausend Schritte tun.
- Ohne Fleiß kein Preis.
- Ordnung ist das halbe Leben.
- Ordnung muss sein.
- Pünktlichkeit ist die Höflichkeit der Könige.
- Quäle nie ein Tier zum Scherz, denn es fühlt wie du den Schmerz.
- Rache ist süß.
- Reden ist Silber, Schweigen ist Gold.
- Scherben bringen Glück.
- Spare in der Zeit, so hast du in der Not.
- Steter Tropfen höhlt den Stein.
- Stille Wasser sind tief.
- Strafe muss sein.
- Übung macht den Meister.
- Viele Köche verderben den Brei.
- Was du heute kannst besorgen, das verschiebe nicht auf morgen.
- Was Hänschen nicht lernt, lernt Hans nimmermehr.
- Was man nicht im Kopf hat, muss man in den Beinen haben.
- Was sich liebt, das neckt sich.
- Wer andern eine Grube gräbt, fällt selbst hinein.
- Wer A sagt, muss auch B sagen.
- Wer den Pfennig nicht ehrt, ist des Talers nicht wert.

- Wer die Wahl hat, hat die Qual.
- Wer schläft, (der) sündigt nicht.
- Wer zuletzt lacht, lacht am besten.
- Wie die Arbeit, so der Lohn.
- Wie du mir, so ich dir.
- Wie gewonnen, so zerronnen.
- Zeit ist Geld.

12
Die ersten Menschen auf dem Mond

Erinnern Sie sich noch an die Mondlandung? 1969 setzte Neil Armstrong als erster Mensch seinen Fuß auf den Mond. Um 3.56 Uhr deutscher Zeit sprach er seine berühmten Worte: „Ein kleiner Schritt für einen Menschen, aber ein großer Sprung für die Menschheit." Dabei machte er den letzten Schritt die Leiter hinab und betrat die Mondoberfläche. Die Apollo-Mission war am Ziel.

Neben Armstrong wurden noch zwei weitere Astronauten zum Mond geschickt: Edwin „Buzz" Aldrin und Michael Collins. Am 16. Juli 1969 startete ihre Rakete und brauchte drei Tage, um die Mondumlaufbahn zu erreichen. Jeden Tag wurde in Radio und Fernsehen über ihre Reise berichtet, und es gab eigentlich fast kein anderes Thema. Die Jungen auf dem Schulhof bauten Raketen und spielten Mondlandung, aber auch wir Mädchen fanden das sehr interessant. Das wichtigste Pausenthema war: Darfst du aufbleiben, um dir die Mondlandung anzusehen oder am Radio mitzuhören? Lautete die Antwort ja, war man natürlich sehr stolz und aufgeregt: Es ist schon etwas Besonderes, bis 3 Uhr morgens aufbleiben zu dürfen, wenn man normalerweise um 8 Uhr ins Bett muss.

Ich war damals 11 Jahre alt und fand, ich wäre eindeutig alt genug, um mir dieses Ereignis anzusehen. Andere Eltern holten ihre Kinder schließlich auch aus den Betten, damit sie die ersten menschlichen Schritte auf dem Mond erleben konnten. Aber meine Eltern hatten da ihre ganz eigenen Prinzipien. „Nachts schläft man! Die Astronauten schaffen es auch ohne uns auf den Mond. Wir sehen uns alles am nächsten Tag in den Nachrichten an." Am nächsten Tag! Während alle anderen in meiner Klasse die Mondlandung schon in der Nacht gesehen hätten, wäre ich die Einzige, die wieder einmal nichts mitbekommen hat. Wie üblich! Meine älteren Geschwister durften sich das Ereignis natürlich ansehen, was es für mich nicht leichter machte.

Und so nahm ich mir vor, einfach wachzubleiben und die ganze Sache heimlich von der Tür aus mitzuschauen. Scheinbar gehorsam ging ich um 8.00 Uhr abends ins Bett und löschte um 9.00 Uhr das Licht – nur, um unter der Decke im Schein der Taschenlampe zu lesen. Zuerst war es kein Problem, wach zu bleiben. Aber es wurde 10.00 Uhr, 11.00 Uhr, dann Mitternacht, und ich konnte die Augen kaum noch aufhalten. Die Buchstaben verschwammen immer mehr vor meinen Augen, die Lider fielen mir zu ... und plötzlich stand meine Mutter in der Tür und rief wie jeden Morgen: „Die Nacht ist um, die Vögel singen: raus aus dem Bett!" Ich hatte die Mondlandung verschlafen! Einfach verschlafen! Ich fühlte mich so elend und ärgerte mich über mich selbst. Ich sah mich schon als einzige Unwissende in meiner Klasse sitzen.

Aber im Laufe des Vormittags stellte ich fest, dass viele meiner Klassenkameraden das Ereignis, genau wie ich, einfach verschlafen hatten. Im Laufe des Tages wurde die Mondlandung natürlich immer wieder im Fernsehen gezeigt, und so sah auch ich noch die verschwommenen Gestalten in Astronautenanzügen, die sich mit weiten Sprüngen über die Oberfläche des Mondes bewegten und eine kleine amerikanische Fahne in den Sand steckten.

An diesem Abend konnte ich lange nicht einschlafen, und als es dunkel wurde, stahl ich mich zum Fenster, um den Mond anzusehen. Er war hinter vielen Wolken kaum zu erkennen, aber ich dachte lange darüber nach, dass dort oben Menschen gewesen waren. Menschen auf dem Mond. Verrückte Welt!

Biografische Fragen

Können Sie sich noch an die erste Mondlandung erinnern?
Haben Sie die Übertragung der Mondlandung miterlebt?
Viele Familien haben sich die Sendung damals gemeinsam angesehen. Wie war das bei Ihnen?
Haben Sie die Raumfahrtprogramme weiter verfolgt?

Internettipp

Hier ist die Mondlandung zu sehen:
www.youtube.com/watch?v=KoDICeGG4BU

Dekorationsidee

Stellen Sie einen Globus auf den Tisch, und legen Sie Bilder der ersten Mondlandung drum herum (die finden Sie im Internet).

In Spielwarengeschäften kann man oft einen Wasserball in Form einer Weltkugel kaufen. Das hat den Vorteil, dass die ZuhörerInnen die Welt „in die Hand nehmen“ können.

13
Sammelwut

Beim Aufräumen fallen einem manchmal alte Schätze in die Hände, die man schon lange vergessen hatte. So ging es mir vor Kurzem. Ich war dabei, im Keller alte Kisten auszuräumen. Manche Kisten wandern ja von Umzug zu Umzug, und niemand weiß noch, was sie eigentlich enthalten. So eine Kiste hatte ich nun ausgepackt und dabei viele alte Schätze aus meiner Kindheit entdeckt. Ein Fotoalbum mit Kinderbildern, alte Tagebücher, eine Reihe kleiner Elefantenfiguren, ein paar gepresste, zerfallene Blüten – in einem Buch zusammengepresst –, und zu guter Letzt: mein Briefmarkenalbum. Darüber freute ich mich besonders. Ich erinnerte mich, wie ich als Kind oft darin geblättert und mir vorgestellt hatte, dass es irgendwann einmal viel wert sein würde.

Eigentlich waren alle Kinder, die ich kannte, Sammler. Nicht nur Briefmarken, nein, gesammelt wurde alles, was in unsere Hände fiel: Murmeln, Aufkleber, Autogramme, Glanzbildchen, Sammelbilder von Fußballern, Tierbilder, Fotos von Schauspielern und Musikern, Kaugummibildchen ... Ich hatte viele Jahre eine Sammlung mit besonders schönen Steinen, ein Freund sammelte Matchboxautos, meine Klassenkameradin Renate hatte eine ganze Herde von Pferdefiguren, die sie stetig erweiterte. Ein Nachbarskind sammelte eingepackte Würfelzuckerstücke, und jeder, der es kannte, brachte ihm von Cafébesuchen ein Würfelzuckerpäckchen mit. Es gab nichts, was nicht gesammelt wurde.

Briefmarken waren besonders beliebt. Wir lösten sie mit Wasserdampf von Postkarten und Briefumschlägen ab. Wer Verwandte im Ausland hatte, war natürlich klar im Vorteil. Wenn überhaupt, bekam ich eigentlich nur Post aus Deutschland, nicht mal in der DDR hatten wir Familie, die meinen Bestand mit außergewöhnlichen Marken hätte aufwerten können. Trotzdem ordnete ich meine Schätze zuerst in einer Zigarrenkiste und später in meinem Sammelalbum und hoffte, dass irgendwann einmal eine ganz wertvolle Marke dabei wäre.

Zum Glück war ich nicht nur auf die Marken angewiesen, die mit der Post kamen. Für ca. 2 DM konnte man im Schreibwarengeschäft Cassens sogenannte „Kiloware“ oder „Klarsichtpäckchen“ kaufen, z.B. „100 versch. Deutschlandmarken“. Es gab aber auch Marken aus aller Welt: Afrika, Japan, Frankreich, Polen ... Solche Briefmarken zu besitzen und sie mir ganz genau anzusehen war für mich fast wie verreisen. Außerdem liebte ich Sammelreihen mit Blumen und war immer stolz, wenn ich eine komplette Serie zusammen hatte. Und dann gab es bei Cassens noch einen Drehständer mit eingespannten Papptafeln, auf denen Pergamenttütchen mit „besseren“ Briefmarken angeheftet waren. Die waren für mich aber leider unerschwinglich.

Meine Freunde sammelten fast alle ebenso, und da sie wie ich eher „Mischtüten“ kauften, hatte jeder eine Menge doppelter

Marken, die wir eifrig untereinander tauschten. Jede abgeschlossene Serie war wie ein Schatz, und ich erinnere mich gut daran, wie ich stolz immer wieder mein Album durchblätterte und mich an dem Inhalt erfreute.

Einige größere Jungs besaßen einen Michel-Katalog, in dem wir den Wert unserer Sammlung ermitteln konnten. Leider war bei mir das Briefmarkenalbum wertvoller als sein Inhalt. Aber ich war überzeugt, irgendwann würden die gesammelten Marken sehr alt und wertvoll sein (so in ein paar Jahrhunderten), und dann hätte sich alles gelohnt.

An all das erinnerte ich mich, als ich dort im Keller saß und durch mein altes Album blätterte. Ich musste lächeln, und es war mir, als würde ich dem Kind, das ich einmal gewesen war, liebevoll zuzwinkern.

Biografische Fragen

Haben Sie als Kind etwas gesammelt?
Haben Sie als Erwachsene auch noch etwas gesammelt?
Hatten Sie ein Briefmarkenalbum?
Haben Sie mit anderen Dinge getauscht?
Hatten Sie als Kind auch die Hoffnung, irgendwann würde Ihre Sammlung wertvoll sein?
Wie sind Sie später mit Ihren Sammlungen umgegangen? Haben Sie diese noch?

Aktivierungsidee: *Briefmarkenbild*

Material pro Person: 1 x Malpappe (10 x 15 cm), Briefmarken (Kiloware), Serviettenkleber, Pinsel, passender Rahmen

Anleitung

Das Bild wird mittels einer Serviettentechnik angefertigt.
Zunächst suchen die TeilnehmerInnen Briefmarken aus.
Dann positionieren sie diese auf der Malpappe.
Nun werden sie mit Serviettenkleber aufgeklebt.
Danach die Briefmarken zur Versiegelung nochmals satt mit Serviettenkleber einstreichen.
Trocknen lassen, in den Rahmen einlegen – fertig!

14

Engländer im Café

Als ich ein Kind war, ging man nicht viel aus. Ein Restaurant- oder ein Caféhausbesuch waren Luxus und entsprechend selten. Kaffee und Kuchen konnte man doch genauso gut zu Hause genießen, und überhaupt: Zu Hause schmeckt's am besten! Auswärts zu essen, das kannte man eigentlich nur von Hochzeiten, Geburtstagen und Beerdigungen. In meinem Geburtsort Hage gab es nicht mal ein Café. Natürlich hätte man im Gasthaus essen können, aber warum sollte man das tun?

In der Nachbarstadt Norden dagegen gab es ein sehr schönes Café. Norden lag näher an der Nordsee als Hage, daher waren dort mehr Urlauber, und die brauchten natürlich Gaststätten und Cafés. Im Jahre 1878 öffnete deshalb die Konditorei Café ten Cate erstmals die Türen und servierte fortan feinsten Tee und Kaffee – und dazu wunderbare Konditoreiwaren.

Piekfein war es dort. Die Kellnerinnen trugen schwarze Kleider und kleine, weiße Spitzenschürzen, die Sitze der Stühle waren plüschig und die Tischdecken strahlend weiß. Auf dem Geschirr war das Emblem des Cafés abgebildet. Sogar die Zuckerstückchen waren für mich etwas Besonderes, denn sie waren in buntes Papier eingepackt, mal mit Tierkreiszeichen als Aufdruck, mal mit Blumenmustern. Und der Kakao war sahnig und süß, mit einer Haube aus Schlagsahne. So etwas gab es zu Hause nicht!

Meist sah ich mir das natürlich nur von außen an, aber wenn wir, selten genug, einmal bei ten Cate einkehrten, fühlte ich mich wie eine wahre Gräfin.

Kakao, Tee oder Kaffee bestellte man am Tisch, aber den Kuchen musste man sich vorher an der Theke aussuchen. Und das war wirklich nicht so einfach! Denn die Kuchentheke war für mich das reinste Schlaraffenland, das ich gern und andächtig bestaunte: wunderbar dekorierte Sahne-, Obst- und Cremetorten, kleine, kunstvoll dekorierte Törtchen und Sahneteilchen, Mohrenköpfe, Nussecken, Plunder, trockene Kuchen, Pralinen, Trüffel, Schokoladen und Marzipan ... Wunderbar!

Was das Café ten Cate in meinen Augen aber zum besten Café des Universums machte, waren die Marzipantulpentörtchen. Der Boden dieser Nascherei war aus rund ausgestochenem Biskuit. Drum herum wurden Blütenblätter aus Marzipan platziert, sodass das kleine Törtchen wie eine Tulpe mit offenen Blütenblättern wirkte. Und dann war dieses Kunstwerk noch mit Sahne gefüllt! Ich liebte diese Törtchen, und wann immer ich mir so ein Wunderwerk bestellen durfte, war das ein Festtag für mich.

Ich war vielleicht 10 Jahre alt, als ich einmal mit meiner Freundin Gerlinde zusammen nach Norden radelte. Gerlinde musste zum Zahnarzt, denn sie trug eine Zahnspange, die sie alle paar Wochen vom Zahnarzt überprüfen lassen musste.

Ich begleitete sie, und wir hatten beschlossen, unser Taschengeld nach dem Zahnarztbesuch bei ten Cate auszugeben. Wir hatten genug Geld für zwei Tassen Kakao und ein Tulpentörtchen, das wir uns teilen wollten. Wir freuten uns wie die Schneekönige darauf.

Als wir im Café saßen, fühlten wir uns sehr erwachsen. „Wir können doch so tun, als wären wir Urlauberinnen!", schlug ich leise vor, denn Urlauber waren für uns irgendwie „etwas Besseres", und das wollte ich auch gern sein. Gerlinde gefiel die Idee ebenfalls, und sie schlug noch vor, wir könnten doch so tun, als kämen wir aus England und mit einem englischen Akzent sprechen. Das fand ich nun wieder gut, und so setzten wir uns und bemühten uns, uns mit englischem Dialekt zu unterhalten. Als die Kellnerin kam, bestellten wir in gebrochenem Deutsch: „Wir gern hätte Shokolath, und von diese Tulpe eines, please?" Und wir kicherten fröhlich, als die Kellnerin „Yes, gern!" antwortete.

Das war ein sehr lustiges Kakaotrinken, wir schwatzten und kicherten, und nicht selten sahen die Leute an den anderen Tischen zu uns herüber. Endlich war es Zeit aufzubrechen, und wir baten die Kellnerin um die Rechnung: „Was wir mussen bezahlen, please?" Die Kellnerin kassierte, und als wir gerade gehen wollten, sagte sie zu mir: „Du bist doch die Tochter von Ackermanns, die in Hage eine Tankstelle haben? Grüß deinen Vater doch mal herzlich von Ida Lammers!" Und dann lächelte sie und fügte zwinkernd „Please!" hinzu.

Ich hätte nichts dagegen gehabt, wenn die Erde sich aufgetan hätte, um mich zu verschlingen. Ich glaube, mein Kopf muss so rot wie eine Tomate geworden sein. Furchtbar peinlich! So schnell und unauffällig wie möglich verließen wir das Lokal, und auf dem Nachhauseweg gab es kein anderes Thema als diesen peinlichen Augenblick.

Natürlich habe ich zu Hause keine Grüße ausgerichtet. Und das Café ten Cate habe ich die nächsten Monate auch nicht besucht.

Biografische Fragen

Wie war das in Ihrer Kindheit: Sind Sie mit Ihren Eltern zum Essen oder Kaffeetrinken ausgegangen?

Wie haben Sie das später mit Ihren eigenen Kindern gehandhabt?

Hatten Sie ein Lieblingscafé oder -restaurant? Was war das Besondere daran?

Haben Sie als Kind auch manchmal so getan, als wären Sie jemand anderes? Wer oder was waren Sie dann?

Fällt Ihnen ein peinliches Erlebnis ein, über das Sie später lachen konnten?

Aktivierungsidee: *„Feine Kaffeetafel"*

Wenn wir an einer besonders festlich gedeckten Tafel sitzen, aktiviert das manchmal Erinnerungen, die im Alltag selten zum Vorschein kommen. Gestalten Sie deshalb eine Kaffeetafel mit weißer, möglichst gestärkter Tischdecke. Schön wären auch ordentlich gefaltete Stoffservietten. (Dabei können Ihnen vielleicht die TeilnehmerInnen helfen, die wahrscheinlich viele verschiedene Falttechniken kennen. Falls nicht, finden Sie weiter unten eine kleine Anleitung.) Wenn Sie keine Stoffservietten haben, nehmen Sie weiße, feste Servietten, und suchen Sie das schönste Geschirr heraus, das Sie finden können. Keine Becher, sondern „richtige Tassen“ mit passenden Untertassen und Kuchentellern. Stellen Sie einen niedrigen Blumenstrauß und eine Kerze in einem Glas auf den Tisch. Sorgen Sie für passende instrumentale Hintergrundmusik.

Serviettenfächer falten

Falten Sie die Serviette in der Mitte, sodass die offene Kante rechts liegt.

Falten Sie die Serviette von unten in Ziehharmonikaform nach oben, bis die ganze Serviette fächerförmig gefaltet ist.

Knicken Sie die Serviette jetzt in der Mitte, sodass die Enden sich in der Mitte berühren und so wieder ein Fächer gebildet wird.

Den Fächer können Sie im Knick unten mit einer Kuchengabel stabilisieren und beides auf den Kuchenteller legen.

Rezept Sahnetulpen

Zutaten

Für den Biskuitteig:

7 Eier, 1 Prise Salz , 2 Pck. Vanillezucker, 250 g Zucker, ½ TL Backpulver

Für Blütenblätter und Füllung:

1 Tafel Schokolade, 3 Pck. Marzipanmasse, 1 Becher Sahne, 1 Tüte Sahnesteif

Biskuit (den Biskuitteig können Sie vorher zubereiten und mitbringen)

Eier trennen. Eiweiß, Salz und 5 EL Wasser steif schlagen. Gegen Ende 1 Pck. Vanillezucker und 200 g Zucker einrieseln lassen.

Eigelbe einzeln darunterheben.

Mehl mit Backpulver mischen und unter die Eimasse ziehen.

Auf ein mit Backpapier ausgelegtes Blech streichen. Bei 150°C Umluft ca. 25–30 Minuten backen. Der Teig muss mindestens fingerdick werden.

Biskuit auf ein Tuch stürzen und auskühlen lassen.

Marzipanmasse dünn ausrollen, Tulpenblätter ausschneiden. Die Blätter am Außenrand mit der Hand noch etwas dünner machen und ganz leicht nach außen wölben.

Schokolade im Wasserbett auflösen, Schokolade auf einen kleinen, etwas tiefen Teller gießen.

Mit einem Glas Kreise aus dem Biskuit stechen.

Den Biskuitteig mit Marzipanblütenblättern umgeben

(unten gut andrücken!), bis das Ganze wie eine Tulpe aussieht. Die Blätter dürfen nicht zu hoch werden, sonst hält das Törtchen nicht.

Kurz in die Schokolade stellen, sodass der Fuß des Törtchens mit Schokolade umgeben ist.

Das Törtchen in ein kleines Muffinförmchen aus Papier setzen. Wenn die Blätter nicht halten wollen, können Sie es zum Trocknen mit einem Gummiband befestigen, das Sie von außen um das Förmchen spannen (vor dem Essen natürlich entfernen).

Schokolade im Kühlschrank fest werden lassen. In der Zwischenzeit Sahne schlagen und die fertigen Törtchen mit Sahne füllen.

15

Kalender, Kalender, du bist ja schon so dünn

Wenn es draußen kalt und dunkel ist, braucht man zu Hause ganz viel Wärme und Licht. Ich finde, der Winter ist am schönsten, wenn man mit einem heißen Kakao neben dem Ofen sitzt, am besten noch gemütlich in eine Decke eingewickelt. In den Kakao muss ein bisschen Zimt, denn der schmeckt im Winter am besten. Und vielleicht noch ein paar Pfeffernüsse oder Spekulatius. So liebe ich den Winter!

Den November habe ich nicht so gern, weil es dann so kalt und ungemütlich ist. Dafür mag ich den Dezember umso lieber. Kalt ist der zwar auch, aber vor allem verbinde ich ihn mit hellem Licht und Kerzenschein, mit süßen Düften und Heimlichkeiten, mit Nikolausfreuden, Schneeflocken, Schlittenfahren, dem Weihnachtsfest und mit Silvester.

So ergeht es mir jedes Jahr: Ab Mitte November fange ich an, mich auf die Advents- und Weihnachtszeit zu freuen. Wenn es draußen immer trister wird, breiten sich bei mir zu Hause die Kerzen aus, die Tannenzweige, rote und grüne Farbtupfer überall, bis es endlich Zeit wird, den Weihnachtsbaum aufzustellen.

Schon als Kind war für mich der Dezember eine besondere Zeit. Meine Mutter hatte nicht den Tick, das ganze Haus zu schmücken. Bei uns gab es nicht viel „Nippes“. „Das musst du alles abstauben!“, fand sie. Daher stand bis Weihnachten nur ein Adventsgesteck auf dem Esszimmertisch. Trotzdem roch das Haus nach Weihnachten, denn meine Mutter nahm sich jedes Jahr die Zeit zum Backen. Bei uns war es Tradition, ostpreußische Mohnstollen zu machen. Das bedeutete ganz schön viel Arbeit! Der Mohn musste gemahlen, in Milch eingeweicht und mit Gewürzen und Rosenwasser aufgekocht werden. Hefeteig wurde zubereitet und mit dem Nudelholz bearbeitet, und dann wurde der Mohn auf dem Teig verteilt, und alles wurde aufgerollt und gebacken. Das roch wunderbar und schmeckte noch besser! Wenn Mama Mohnstollen backte, wusste ich, es wird Weihnachten.

Dass der Dezember für mich schon damals etwas Besonderes war, lag auch an der Musik. Ich saß oft lesend in meinem Zimmer, zündete mir verbotenerweise eine Kerze an und hörte auf meinem kleinen Plattenspieler unsere einzige Weihnachtsplatte: „Die Westfälischen Nachtigallen singen Weihnachtslieder“. Die vertrauten Lieder gaben mir ein warmes Gefühl. Mein Lieblingslied war das Kalenderlied:

Wenn es Dezember wurde, zählten wir als Kind,
wie viele Blätter noch an dem Kalender sind.
An jedem Morgen wurde der vergang'ne Tag ein Stück Papier,
und mit der Mutter zusammen sangen wir:

Kalender, Kalender, du bist ja schon so dünn,
jetzt ist es bis Weihnachten nicht mehr lange hin.

So wie ein Baum ist der Kalender Jahr für Jahr,
mit vielen Blättern dran am ersten Januar,
doch jeden Tag wird dann ein weit'res Blatt vom Wind der Zeit verweht,
bis im Dezember das Jahr zu Ende geht.

Kalender, Kalender, du bist ja schon so dünn,
jetzt ist es bis Weihnachten nicht mehr lange hin.

In unserm ganzen Leben bleibt ein kleines Stück
von der Erinnerung an jene Zeit zurück.
Und wenn die Tage kürzer werden und der Schnee vom Himmel fällt,
dann denken viele, ja viele auf der Welt:

Kalender, Kalender, du bist ja schon so dünn,
jetzt ist es bis Weihnachten nicht mehr lange hin.

Ich glaube nicht, dass ich den Text des Liedes damals schon verstanden habe. Aber heute verstehe ich ihn gut. Wie es schon in dem Lied heißt: „In unserm ganzen Leben bleibt ein kleines Stück von der Erinnerung an jene Zeit zurück." Ja, so geht es mir auch, und ich erinnere mich gern.

Biografische Fragen

Mochten Sie die Winterzeit?
Haben Sie Ihre Wohnung früher gern weihnachtlich dekoriert? Womit haben Sie das getan?
Hatten Sie einen Adventskranz?
Wie wurde in Ihrer Kindheit die Adventszeit gestaltet?
Haben Sie mit Ihren Kindern Plätzchen gebacken? Gab es ein „Familiengebäck“, das für Sie in die Adventszeit gehörte?
Wurden in Ihrer Familie Adventslieder gesungen? Wenn ja, welche?
Welches Weihnachtslied können Sie noch auswendig?

Aktivierungsidee: *gemeinsames Singen*

Musik wirkt wie ein Heilmittel, vor allem, wenn man sie selbst macht. Weltweit wurde im letzten Jahrzehnt durch mehr als einhundert Studien nachgewiesen, dass Musik als Heilkraft unser Gehirn aktiviert und sogar unser Immunsystem positiv beeinflusst.

Musik verbessert die Aufmerksamkeit und das Erinnerungsvermögen. Selbst in ihren Gedächtnisleistungen stark eingeschränkte Alzheimerpatienten singen bekannte Lieder mit, die Erinnerungen an vergangene Zeiten zurückbringen.

Die Musikalität ist nicht auf eine bestimmte Gehirnregion beschränkt, sondern sie spricht neben dem Gehör auch den Bewegungsapparat, den Verstand und das Gefühl an. Das bedeutet, dass die verschiedenen Gehirnregionen wie in einem Konzert zusammenspielen. Kein Wunder, dass der menschliche Körper mitschunkelt, mittanzt, Emotionen empfindet usw. Beobachtet man das Verhalten von Menschen mit Demenz, so erkennt man, dass sie sich sehr oft im Takt der Musik bewegen (und wenn es nur ein Finger ist). Außerdem findet das Gehirn in Verbindung mit Musik und Rhythmus leichter zu Worten. Der Neurologe Oliver Sacks behauptet, dass der Grund dafür im Rhythmus der Musik liege, der den demenzbetroffenen Menschen eine Struktur und ein klares Tempo gebe, die notwendig seien, um auch in ihren Bewegungsablauf wieder Struktur zu bringen.

Also: Singen Sie, so viel Sie können! Fangen Sie einfach an, alte, bekannte Lieder zu singen.

Internettipp

Hier finden Sie eine alte Aufnahme des Kalenderliedes: www.altenpflegefamilie.de/kalender-kalender-du-bist-ja-schon-so-duenn/

Geben Sie bei YouTube das Stichwort „Weihnachtslieder, deutsch, zum Mitsingen“ ein, und Sie finden jede Menge Lieder mit Begleitung und Text zum gemeinsamen Singen.

16
Am Weihnachtsbaum die Lichter brennen

Am Weihnachtsbaum die Lichter brennen,
wie glänzt er festlich, lieb und mild,
als spräch er: Wollt in mir erkennen
getreuer Hoffnung stilles Bild!

Wie sah eigentlich Ihr Weihnachtsbaum aus? Da hat ja jede Familie ihre eigene Tradition.

In meiner Kindheit schmückte man den Baum am Morgen des 24. Dezember. Mein Vater spannte den Baum in den Weihnachtsbaumständer ein, und es dauerte meist recht lange, bis meine Mutter zufrieden war. Vorher hieß es: „Mehr nach rechts, nein, jetzt mehr nach links, du musst ihn etwas nach vorne kippen, er ist immer noch nicht gerade, jetzt dreh die schönere Seite noch mal nach vorn, ach, jetzt ist es wieder schief! "

Der Christbaumschmuck wurde in einer bunten Pappschachtel aufbewahrt. Er bestand aus silbernen Kugeln, sehr viel Lametta und echten Wachskerzen. Es war ganz schön schwierig und dauerte sehr lange, bis die Kerzenhalter gleichmäßig so auf der Tanne befestigt waren, dass kein Zweig anbrannte. Meist habe ich meine Mutter dabei leise schimpfen hören.

Als Nächstes wurden die silberfarbenen Glaskugeln aufgehängt. Sie waren sehr empfindlich, und in jedem Jahr ging mindestens eine zu Bruch. Schließlich wurde der Baum über und über mit silberfarbenem Lametta behängt. Auch dabei musste man natürlich darauf achten, dass das Lametta nicht in der Kerzenflamme verbrannte.

Besonders spannend wurde es, wenn meine Mutter die bunt eingepackten Geschenke unter dem Baum verteilte. Dazu gehörten immer „bunte Teller“ mit Nüssen, Schokolade, Marzipankartoffeln, Lebkuchen und Apfelsinen. Ich stand dann oft davor und überlegte, welches Päckchen wohl für mich sein würde. Und auch ich legte meine Geschenke dazu und war sehr gespannt, ob meine Geschwister und meine Eltern sich darüber freuen würden.

Irgendwann wurden die echten Kerzen durch elektrische Lichterketten ersetzt. „Endlich keine Wachsflecken mehr auf dem Teppich!“, sagte meine Mutter erfreut. Ich mochte das neue Licht ebenfalls. Zwar ging damit die warme, heimelige Atmosphäre des Kerzenlichtes und der rauchige Duft ausgeblasener Kerzen verloren, aber dafür konnte der Weihnachtsbaum viel länger und auch ohne Erwachsene in der Nähe leuchten.

Biografische Fragen

Wie war der Weihnachtsbaum in Ihrer Kindheit geschmückt?
Kam bei Ihnen das Christkind oder der Weihnachtsmann?

Wie haben Sie den Weihnachtsbaum geschmückt, als Sie selbst Kinder hatten?
Gab es bei Ihnen Weihnachtstraditionen?
Gab es ein besonderes Weihnachtsessen?
Wurde Ihre Familie am 24.12. oder erst am Weihnachtsmorgen beschenkt?
Durften Ihre Kinder beim Schmücken helfen?
Haben Sie Heiligabend den Weihnachtsgottesdienst besucht?
Was ist Ihre schönste Weihnachtserinnerung?

Internettipp

Bilder finden Sie hier: www.wirtschaftswundermuseum.de/weihnachten-50-60er.html

Noten zum Lied „Am Weihnachtsbaum“ hier: www.lieder-archiv.de/am_weihnachtsbaum_die_lichter_brennen-notenblatt_200070.html

17 Kartoffelsalat, Würstchen und Sissi

Menschen haben ganz unterschiedliche Weihnachtstraditionen. Manche lesen Heiligabend immer die Weihnachtsgeschichte, manche bauen eine Krippe auf, viele machen Hausmusik ...

In unserer Familie war Weihnachten eine interessante Mischung aus Alltag und Festtag. Meine Mutter war für den Dienst an unserer Tankstelle zuständig, und die blieb an genau zwei Tagen des Jahres ganz geschlossen: Am ersten Weihnachtsfeiertag und an Silvester. An allen anderen Tagen des Jahres konnte man bis 20.00 Uhr bei Ackermanns tanken, bis auf den Heiligen Abend: Da schlossen wir schon um 18.00 Uhr. Genauso war es in der Werkstatt, in der mein Vater und meine Brüder arbeiteten. Um 18.00 Uhr kamen alle ölverschmiert und in dreckigen Monteursanzügen ins Haus und gingen dann schnell nach oben, um sich weihnachtssauber zu machen.

Und so war der 24. Dezember immer beides: Alltag und Feiertag. In der Stube wurde der Baum geschmückt, und wenn es draußen klingelte, rannte meine Mutter zur Tankstelle, um die Kunden zu bedienen. Das gab oft ein lustiges Bild, denn wenn sie gerade beschäftigt war, stürmte sie schimpfend bis zur Tür („Muss das jetzt sein? Gibt es denn keine andere Stunde, wo die tanken können?“), um auf der Schwelle mit strahlendem Lächeln: „Hallo, was kann ich für Sie tun?“ zu flöten. Am 24.12. war immer viel Betrieb an der Tankstelle, und so rannte meine Mutter vom Tannenbaum zur Tankstelle und zurück, ließ einen Arm voller Geschenke unter dem Baum fallen, weil sie wieder raus musste, stürmte in die Küche, um dem Essen den letzten Pfiff zu geben ... Das war ein Marathon!

Aber ganz egal, wie viel Trubel herrschte: Sissi ließ sie sich nicht nehmen! Denn in jedem Jahr wurde im Fernsehen die Geschichte der österreichischen Kaiserin Elisabeth, genannt Sissi, wiederholt, und die junge Romy Schneider verliebte sich erst in den Kaiser und musste dann als Kaiserin viel aushalten. Weihnachten gehörte sie zum festen Programm! So geduldig meine Mutter war, wenn mitten in einer spannenden oder berührenden Szene des Sissi-Films ein Kunde kam, war ihr Schimpfen besonders intensiv.

Auch das Essen folgte Weihnachten einem festen Programm: Es gab immer Kartoffelsalat mit Würstchen. Ich liebte den Kartoffelsalat meiner Mutter: Mit viel Mayonnaise, Gurken und Eiern war er wahres Hüftgold. Um 18.00 Uhr war endlich Ruhe an der Tankstelle.

Die Kerzen am Tannenbaum wurden entzündet, die Familie sang (trotz der Proteste meiner Brüder) ein paar Weihnachtslieder, die Geschenke wurden verteilt, und dann saßen wir zusammen, knabberten Nüsse und Süßigkeiten, unterhielten uns, und ich spielte mit meinen Geschenken. Eigentlich saßen wir als Familie selten am Abend zusammen, und so war Heiligabend für mich als Kind wirklich etwas ganz Besonderes.

Der erste Weihnachtsfeiertag fing meist sehr gemütlich an. Alle schliefen länger als sonst, aber bis zur Gans, die es traditionell zum Mittagessen gab, hatten es selbst meine Brüder aus den Federn geschafft. Als Kind war mir gar nicht richtig bewusst, dass ein Gänsebraten einmal ein lebendiges Tier gewesen ist. Das begriff ich erst, als ich einmal am 23. Dezember ins Badezimmer stürmte und Oma Rokoß, die mit in unserem Haus wohnte, dabei zusah, wie sie einem schlappen, weißen und großen Vogel die Federn vom Leib rupfte. Ich war entsetzt, aber Oma Rokoß meinte seelenruhig: „Du willst die Gans ja wohl nicht mit den Federn essen, oder? Dann muss man sie eben rupfen!“ In diesem Jahr hielt ich mich beim Weihnachtsessen an Klöße und Rotkohl.

Eigentlich haben wir Weihnachten nie etwas Besonderes gemacht. Aber wenn ich zurückdenke, ist es in meiner Erinnerung doch ein leuchtendes Fest.

Biografische Fragen

Gab es bei Ihnen Heiligabend und Weihnachten traditionelle Essgewohnheiten?
Haben Sie als ganze Familie gemeinsam gefeiert?
Gab es typische Weihnachtsgewohnheiten, etwas, was Sie immer gemacht haben?
Wie sah es mit Besuchen bei Omas und Opas aus?

Mussten Sie am 24. Dezember noch arbeiten?
Erinnern Sie sich an die Sissi-Filme mit Romy Schneider? Haben Sie sie früher angesehen? Mögen Sie diese Filme heute noch?

18
„Hallo, kleines Fräulein"

Hören Sie gerne Musik? Mir hat das immer viel Spaß gemacht. Oft saß ich vor dem Radio in meinem Zimmer oder hörte mir im Wohnzimmer unsere Platten an. Meine Eltern hatten nicht viele: eine Weihnachtsplatte, eine James-Last-Platte, „Die schönsten Märsche" und eine Platte der „3 Travellers". Ich weiß nicht, ob Letztere meinen Eltern oder meinen Geschwistern gehörte, aber ich mochte sie, denn sie war die einzige etwas flottere Platte. Mein Lieblingslied hieß „Gisela":

Hallo, kleines Fräulein,
haben Sie heut Zeit,
mit mir auszugehen,
nur zum Zeitvertreib?

Wir geh'n über Felder,
streifen durch den Wald,
kein Mensch wird uns sehen,
weder Jung noch Alt.

Wenn es dann schon dunkelt,
Stern um Stern uns lacht,
werde ich Dich küssen,
halt im Arm Dich sacht.

Dann sind wir so selig
wie im Paradies.
Gisela, ich lieb Dich.
Du bist süß.

„Hallo, kleines Fräulein." Heute sagt man das ja nicht mehr, aber als ich ein Kind war, da gab es noch viele „Fräuleins". Fräulein war nicht nur die Anrede für junge Damen, sondern generell für alle unverheirateten Frauen, egal welchen Alters. Während die meisten verheirateten Frauen spätestens, wenn das erste Kind kam, ihren Arbeitsplatz in der Familie hatten, waren die Fräuleins berufstätig, „in Stellung". Bis zur Heirat waren sie meist Verkäuferinnen, Hausangestellte, Büroangestellte, Kellnerinnen, Zimmermädchen, Krankenschwestern und Lehrerinnen.

An unserer Schule gab es viele „Fräuleins". Und wer als Schüler etwas wusste und auf sich aufmerksam machen wollte, der hob, ja, schwenkte seine Hand (wozu ich viel zu schüchtern war) und rief dazu: „Frollein! Frollein!" Der Name war gar nicht nötig.

Dass die meisten Fräuleins nur bis zur Hochzeit arbeiteten, sorgte häufig dafür, dass die Ausbildung der Mädchen weniger wichtig genommen wurde, als die der Jungen. Denn der Junge würde ja später einmal der Ernährer der Familie sein, das Mädchen „nur" die Hausfrau. Ich war in unserer Familie das „Nesthäkchen", also weit jünger als meine Geschwister, und mich betraf das eigentlich nicht mehr. Aber ich weiß noch, dass meine ältere Schwester Uschi ein blitzgescheites Mädchen war, das ohne Probleme auf eine weiterführende Schule hätte gehen können. Aber alle gaben sich damit zufrieden, dass sie auf der Hauptschule blieb und später als Lehrling ins Textilfachgeschäft Fimmen ging. Ich weiß, dass ihr die Arbeit dort Spaß gemacht hat, und ich glaube auch nicht, dass sie sich viele Gedanken darüber gemacht hat, nicht studieren zu können. Auf so etwas kam man als Handwerkertochter vom Lande eigentlich nicht. Aber ich habe später manchmal fast ein schlechtes Gewissen gehabt, weil ich so viel mehr Möglichkeiten hatte als meine Geschwister.

Irgendwann fingen immer mehr Frauen an, es nicht mehr hinzunehmen, dass Jungen wichtiger zu sein schienen als Mädchen. Die Frauenbewegung kämpfte darum, Männer und Frauen gleich zu behandeln. Diese Frauen hätten es sich verbeten, mit „Hallo, kleines Fräulein“ angeredet zu werden! „Es gibt ja auch keine Herrlein“, hieß es jetzt.

Und so nach und nach änderte sich das Bild von Frauen und Mädchen in Deutschland etwas. 1972 wurde die Anrede „Fräulein“ aus dem offiziellen bundesdeutschen Wortschatz gestrichen. Mit 14 Jahren war ich also plötzlich „Frau Ackermann“, und das kam mir schon sehr seltsam vor. So hießen auch die Lehrerinnen nicht mehr einfach nur „Fräulein“, sondern wurden jetzt mit „Frau“ angesprochen. Nur viele ältere „Fräuleins“ bestanden darauf, weiter wie gewohnt angesprochen zu werden. Andere Zeiten, andere Sitten!

Biografische Fragen

Mochten Sie die Anrede „Fräulein"?
Fallen Ihnen noch andere Schlager ein, in denen diese Anrede vorkommt?
Welchen Beruf haben Sie erlernt?
Wann sind Sie in die Lehre gegangen? Oder haben Sie studiert?
Hatten Sie einen strengen Lehrherrn?
Haben Sie gern in Ihrem Beruf gearbeitet?
Wie fanden Sie die Frauenbewegung?
Für Frauen: Haben Sie Ihren Beruf auch nach der Eheschließung ausgeübt?
Wie war es für Sie, Familie und Beruf unter einen Hut zu bekommen?

Internettipp

Hier finden Sie das Lied „Hallo, kleines Fräulein" in der Originalversion der „3 Travellers": www.youtube.com/watch?v=z-nBihPKsBgY

Weitere Lieder, in denen ein „Fräulein" vorkommt:
„Fräulein, Sie sind ein Schlager"
www.youtube.com/watch?v=XxK9Srkp_a0

„Ich hab das Fräulein Helen baden sehn"
www.youtube.com/watch?v=Ds7wA1euhFM

„Das Fräulein Gerda"
www.youtube.com/watch?v=hYrWMjBQMzI

19
Wie gut, wenn man Geschwister hat

Geschwister sind ein großes Geschenk, finde ich. Ich bin die Jüngste von uns Kindern und habe zwei Schwestern und zwei Brüder. Wie viele Nachkriegs-Familien sind wir das, was man heute eine „Patchworkfamilie" nennt. Meine Mutter verlor ihren ersten Mann im Krieg und brachte ihren Sohn Hans mit in die Ehe. Mein Vater verlor seine erste Frau durch Tuberkulose und brachte seine Tochter Frieda mit. Meine Eltern hatten sich während des Krieges kennengelernt, nach dem Krieg geheiratet und zusammen noch drei Kinder in die Welt gesetzt. Ganz zuletzt kam ich. „Bei uns ist das so: Meine Kinder und deine Kinder hauen unsere Kinder", sagte mein Vater manchmal im Scherz.

Für mich als Letztgeborene war es nie eine Frage, ob meine ältesten Geschwister „richtige" Geschwister oder Halbgeschwister waren, und ich glaube, die anderen hat das auch nicht interessiert. Natürlich gab es manchmal Spannungen zwischen ihnen, aber wo gibt es das nicht?

Ich hatte als Kleinste einen Sonderstatus. Ich glaube, mein sonniges Gemüt hat seinen Ursprung nicht zuletzt darin, dass ich als Kind von meinen Geschwistern so viel Liebe erfahren habe.

Im Gegenzug mochte ich diese auch sehr gerne. Ganz besonders hing ich aber an meiner Schwester Uschi. Sie ist 15

Jahre älter als ich, und man hätte denken können, dass sie als pubertierende junge Dame wenig Interesse daran gehabt hätte, sich um ihre kleine Schwester zu kümmern. Aber ganz im Gegenteil: Für mich war sie so etwas wie eine zweite Mutter. Meine eigentliche Mutter musste sehr viel arbeiten, und Uschi nahm sich immer Zeit für mich. Abends erzählte sie mir Geschichten, beim Abwasch banden wir uns Geschirrhandtücher um den Kopf und sangen gemeinsam Schlager. Von ihrem Lehrlingslohn kaufte sie mir Kleider, und sie nahm mich mit auf Spaziergänge. Uschi war immer da, wenn ich sie brauchte.

Meine Schwestern waren beide sehr hübsche junge Damen. Frieda, die älteste, war schon verheiratet und lebte in Dortmund, als ich geboren wurde. Als ich etwa drei Jahre alt war, hatte auch meine Schwester Uschi den ersten ernsthaften Verehrer. Meine Eltern achteten sehr darauf, mit wem und wohin sie ausging, aber sie brauchten sich da eigentlich keine Sorgen zu machen, denn Uschi war sehr vernünftig. Und außerdem hatte sie einen Verehrer-Test entwickelt: Sie sah sich genau an, wie die jungen Männer sich ihrer kleinen Schwester gegenüber verhielten. Sie hatte bei Verabredungen zwar keinen Anstandswauwau dabei, aber ein Anstandskind – nämlich mich. Wer das nicht gut fand, kam schon mal nicht in Frage.

Mit einer kleinen Schwester an der Hand konnte man den Charakter des Verehrers schnell erkennen. War es ihm lästig, wenn ich bei einem Spaziergang dabei war? Redete er vernünftig mit mir? Wer sich hier gut verhielt, hatte Chancen. Weit vorn war ein junger Mann aus Norden, der mir bei einem Besuch ein Bilderbuch mitbrachte. Aber ihr Herz gewann dann doch Heinz, ein anderer hübscher junger Mann mit ausdrucksstarken Augen, den sie später heiratete und mit dem sie durch dick und dünn gegangen ist. Bis zum Ende waren die beiden sehr eng verbunden.

Das ist schon lange her. Meine Geschwister sind selbst Eltern und Großeltern geworden, meine Eltern und meine Brüder aber inzwischen schon verstorben, und alle waren bzw. sind quer über die Republik verstreut. Und trotzdem bleibe ich immer „die kleine Schwester“, und meine Geschwister bleiben immer „die Großen“.

Biografische Fragen

Haben Sie Geschwister?
Falls nicht: Haben Sie sich Geschwister gewünscht?
Gehörten Sie zu den jüngeren oder den älteren Geschwistern?
Stand Ihnen eines Ihrer Geschwister besonders nahe?
Wie viele Kinder haben Sie selbst? Mädchen oder Jungen?
Wie alt waren Sie, als Sie Ihr erstes Kind bekamen? Und wie alt, als Ihr jüngstes geboren wurde?
Wie sehen Sie das: Unterscheiden sich die ältesten und die jüngsten Kinder in ihrer Art?
Haben Ihre Kinder viel miteinander gespielt, als sie klein waren?
Erinnern Sie sich noch an Ihre erste Liebe?

Wie liefen bei Ihnen erste Verabredungen ab?
Wie haben Sie ihren späteren Mann/Ihre spätere Frau kennengelernt?

20

Tanzstunden

In den 60er-Jahren kamen die „Milchbars“ und die Eiscafés auf. An Jugendliche unter 21 Jahren wurde noch kein Alkohol ausgeschenkt, aber es gab ja Milchmixgetränke und Coca Cola. Auch italienisches Eis war in Deutschland heiß begehrt, brachte es doch manche Urlaubserinnerung wieder hervor. So trafen sich die jungen Leute dort und hörten Musik aus der „Musikbox“. Die kennen Sie doch bestimmt auch noch, oder? Das waren große Kästen, die Platten und Plattenspieler enthielten. Man konnte einen Titel von einer Liste auswählen, den man gern hören wollte, dann warf man Geld ein, und schon erklangen Lolita, Caterina Valente, Cliff Richards oder die Beatles. Nicht jeder hatte etwas über für solcherlei Vergnügen, denn Geld war bei vielen Leuten knapp. Trotzdem merkte man schon etwas von der „Wirtschaftswunderzeit“, und die Eltern ermöglichten ihren Kindern vieles, das sie selbst in den Kriegsjahren entbehren mussten.

Als meine Geschwister anfingen auszugehen, war ich noch viel zu klein und habe davon gar nichts mitbekommen. Als ich selbst das Alter erreichte, war ich schüchtern und fühlte mich auch nicht besonders schön, und so hatte ich nur wenig Lust auszugehen. Die meisten Jugendlichen gingen ins „Thun“, da gab es wohl die beste Musik. Mein „Ausgang“ war die christliche Jugendstunde der Freien evangelischen Gemeinde, in die ich sehr gern ging und wo ich zahlreiche Freunde hatte, mit denen ich viel unternahm. Häufig saßen wir natürlich auch im Eiscafé.

Meine Eltern waren nicht traurig darüber, eine so solide Tochter zu haben. Allerdings bestand meine Mutter darauf, dass ich an einem Tanzkurs in Norden teilnehmen müsse. „Tanzen gehört dazu", meinte sie. Und so machte ich mich grummelig und ängstlich auf zur ersten Stunde, angetan mit meinem besten Kleid und Schuhen mit kleinen Absätzen, die wir extra zu dieser Gelegenheit gekauft hatten. „Man kann mit flachen Schuhen nicht so gut tanzen", meinte meine Mutter. Ich fühlte mich, als ginge ich auf Stelzen.

Die Tanzschüler und -schülerinnen saßen zu Beginn der Veranstaltung artig auf Stühlen, die an der Wand aufgereiht waren, Mädchen und Jungen schön getrennt. Der Tanzlehrer erklärte den Ablauf, und dann sollte es losgehen. „Wir üben heute den Walzer, meine Herrschaften! Ich bitte darum, dass die Herren sich eine Partnerin wählen. Und bitte zuerst vorstellen!" Ich wäre am liebsten im Boden versunken, während ich darauf wartete, aufgefordert zu werden. Ich dachte mir schon, was passieren würde: das Gleiche wie im Sportunterricht! Da wurde ich auch immer erst zuletzt in eine Mannschaft gewählt. Und wahrscheinlich würde ich auch hier bis zuletzt sitzen bleiben.

Die ersten Tanzschüler waren zielstrebig auf ihre Tanzpartnerinnen zugegangen, und ich sah bereits Paare, die sich, meist etwas verlegen, auf der Tanzfläche aufstellten. Ich saß natürlich noch immer da, wie erwartet war ich die Letzte. Aber endlich kam ein sehr großer junger Mann zu mir herüber und murmelte: „Wollen wir?“ Ich merkte, dass ihm die Sache genauso unangenehm war wie mir, nickte und stand auf, um ihm zu folgen. „Karin“, sagte ich in Richtung meiner Füße. „Günther“, antwortete er.

Auf dem Parkett-Boden hatte ich das Gefühl, über Glatteis zu gehen, und ich sah mich schon mit einem Gipsbein umherlaufen. Das mit den erhöhten Absätzen war eine ganz schlechte Idee gewesen! Aber wir schafften es unfallfrei auf die Tanzfläche und standen nun voreinander, ohne uns anzusehen.

„So, jetzt fangen wir mal mit dem langsamen Walzer an!“, rief der Tanzlehrer uns enthusiastisch zu und stellte sich mit seiner Partnerin auf, um uns vorzumachen, wie es aussieht, wenn jemand tanzen kann. Mein Partner und ich tauschten vorsichtige Blicke. Ich hatte den Eindruck, dass er ganz genau wie ich dachte: „Warum habe ich mich zwingen lassen, hier mitzumachen?“

Und jetzt waren wir selbst dran. „Aufstellen, der Herr legt seine linke Hand locker an die Taille der Dame, die Dame lässt ihre linke Hand leicht wie einen Schmetterling auf der Schulter des Herren ruhen. Den anderen Arm leicht eingeknickt ausstrecken, die Hände berühren sich ...“ Günther und ich hatten schweißnasse Hände, und ich hätte ihn am liebsten sofort wieder losgelassen. Aber das war ja nicht erlaubt, also blieben wir tapfer in Position. „Wer den Wiener Walzer technisch sauber und damit ästhetisch schön tanzen möchte, achtet auf eine gleichmäßige Drehung ohne Pausen, eine leichte Auf- und Abbewegung. Beim größeren Vorwärtsschritt etwas in die Knie gehen, eine leichte Körperneigung bei der Drehung. Achtet darauf, dass die Ferse bei einem Vorwärtsschritt zuerst aufsetzt. Richtige Könner schweben regelrecht über das Parkett. Seht erst noch einmal zu: Eins, zwei, drei, eins, zwei, drei ...", dozierte der Tanzlehrer und machte uns mit seiner Partnerin vor, wie es gehen sollte. „Der Herr guckt in Tanzrichtung und beginnt mit dem rechten Fuß. Bevor die Drehung beginnt, wird ein paar Mal ‚geschunkelt'. Der Herr macht dazu einen leichten Seitwärtsschritt mit rechts nach rechts und belastet diesen Fuß auch mit dem vollen Gewicht, sodass der linke Fuß leicht abhebt. Dann macht er dasselbe mit dem linken Fuß. Wir stehen damit wieder in der Ausgangsposition, und weil's so schön war, wiederholen wir das noch einmal. Eins, zwei, drei ..."

Und dann waren wir dran. „Ein, zwei, drei ..." Günther zählte laut mit und starrte konzentriert auf seine Füße. Ich hielt den Blick ebenfalls gesenkt. Aber wir schafften es trotzdem, uns auf die Füße zu treten, aus dem Takt und ins Stolpern zu kommen und in verschiedene Richtungen zu tanzen.

Eigentlich liefen alle Tanzstunden ähnlich ab. Günther und ich blieben bei der Partnerwahl immer zuletzt übrig und bildeten bald ein festes Tanzpaar. So wurden wir in dieser Zeit zu Leidensgenossen, die sich mit Mühe durch die Tänze schleppten. Foxtrott, Quickstep, Rumba, Jive, Cha-Cha-Cha: Wir schafften es, jeden Tanz zu ruinieren. Andere Paare tanzten uns vorsichtshalber schon aus dem Weg, um nicht mit ins Verderben gezogen zu werden. Günther war irgendwie noch verwirrter als ich, sodass meist ich die Führung übernahm, damit wir wenigstens irgendwie in Bewegung kamen. „Ihr erinnert mich irgendwie an Ginger Rogers und Fred Astaire“, meinte der Tanzlehrer ironisch, wenn er uns seufzend beobachtete.

Ich glaube, unsere schlimmste Tanzstunde war der Tangoabend. Der Tanzlehrer forderte uns auf, eine leidenschaftliche und energische Körperhaltung anzunehmen und den Kopf auf keinen Fall zu senken. Sie hätten unsere entsetzten Blicke sehen sollen! Wie soll man tanzen, wenn man seine Füße nicht sieht!

So quälten wir uns also durch den Tanzkurs und haben ihn beide auch tapfer fast bis zum Ende besucht. Fast. Denn am letzten Abend vor dem Abschlussball saßen wir bei einer Cola zusammen und tauschten uns aus.

„Hast du Lust zu diesem Ball?“

„Nö, du?“

„Nö. Aber wenn ich zu Hause bleibe, musst du alleine tanzen. Und meine Mutter ärgert sich, weil sie ja trotzdem bezahlen muss.“

„Stimmt. Aber wenn wir beide plötzlich krank werden, kann sich keiner beschweren, und wir müssen beide nicht tanzen.“

Wir sahen uns an und nickten. Es war klar: Wir würden beide plötzlich an einer schweren Sommergrippe erkranken und leider nicht zu diesem Abschlussball gehen können. Sehr schade, aber was will man machen?

Und das war das Ende meiner Tanzkarriere.

Biografische Fragen

Haben Sie an einem Tanzkurs teilgenommen? Erinnern Sie sich noch daran?
Was war Ihr Lieblingstanz?
Was machte man in Ihrer Jugend, wenn man ausging?
Sind Sie oft ausgegangen?
Sind Sie gern tanzen gegangen?
Was war Ihre Lieblingsmusik?
Welche Künstler aus Ihrer Jugendzeit fallen Ihnen ein?

Aktivierungsidee: *Tanztee*

Zeitrahmen: 1–1,5 Std.

Um die Veranstaltung wie einen Tanztee der 50er-Jahre zu gestalten, bereiten Sie am besten kleine Tische vor, an denen die TeilnehmerInnen sitzen können. Zu Beginn können Gebäck und Getränke gereicht werden (zum Beispiel die Milchmixgetränke, die Sie im Anschluss finden, oder auch klassisch Tee und Kaffee). Im Hintergrund läuft „flotte Musik“.

Die Tische stehen im Kreis, sodass in der Mitte getanzt werden kann. So kann jeder schnell Platz nehmen, wenn er oder sie nicht mehr kann.

Hilfreich ist es, wenn ehrenamtliche Helfer da sind, welche die Besucher ebenfalls auffordern können und die sich um die Rollstuhlfahrer kümmern. Wenn diese „schwindelfrei" sind, kann man mit ihnen auch etwas zügiger durch die Gegend fahren und sie drehen.

Für die Musik würde ich mich an dem orientieren, was die Teilnehmenden kennen und mögen.

Milchmixgetränke

Milchmixgetränke waren in den 50er-Jahren der Hit. Und glücklich war, wer einen elektrischen Mixer sein Eigen nennen konnte. Unsere heutigen Mixer erinnern im Stil oft noch an die 50er-Jahre. Wenn Sie keinen Mixer haben, können Sie auch einfach einen Pürierstab verwenden.

Bananenmilch

2 reife Bananen in Stücke brechen und mit 1 l Milch und etwas Zitrone oder etwas Zimt in den Mixer geben.

Himbeermilch

1 Paket Tiefkühlhimbeeren auftauen lassen, mit 1 l Milch mixen und nach Belieben süßen. Tipp: Wenn Sie gefrorene Himbeeren und weniger Milch benutzen, haben Sie ein sehr leckeres Himbeereis.

Wer es noch abwechslungsreicher mag, gießt in ein Glas zuerst die Himbeermilch und dann die Bananenmilch obendrauf, das ergibt zwei leckere Schichten, die man am besten mit einem Strohhalm trinkt.

Internettipp

www.seniorentanz.de

21
Blumenkind

Waren Sie schon einmal ein „Blumenkind“? Sie kennen ja sicher den Brauch, dass bei einer Hochzeit ein Kind vor dem Brautpaar hergeht und den Weg der beiden mit Blumen bestreut. Ich finde, das ist ein sehr schönes Symbol: Möge euer gemeinsamer Weg mit Blumen bestreut sein!

Ich hatte ein einziges Mal in meinem Leben die Ehre, ein Blumenkind zu sein – und leider habe ich die ganze Sache vollkommen ruiniert. Und das kam so: Als meine große Schwester Uschi heiratete, war ich ca. 6 Jahre alt (ganz genau weiß ich es nicht mehr) und sollte in der Kirche die Blumen streuen. Uschi und ich standen uns sehr nahe, sie war so etwas wie eine zweite Mutter für mich. Ich mochte auch Heinz, ihren zukünftigen Mann, sehr gern. Ich war nur gar nicht damit einverstanden, dass meine große Schwester nach der Hochzeit nicht mehr bei uns wohnen sollte! Immer wieder heulte und quängelte ich herum: „Ihr könnt doch hier wohnen!“, und ich glaube, Uschi bekam nach und nach fast ein schlechtes Gewissen. Aber sie erzählte mir immer wieder, wie viel Spaß es mir machen würde, sie in Norden zu besuchen, dass sie mich auch ganz oft besuchen würde und wie schön ich aussehen würde, wenn ich in meinem schönen, neuen Kleid in der Kirche Blumen streuen würde. Wie stolz alle auf mich sein würden! Ich wollte gerne schön aussehen. Und so fing ich an, mich ein ganz klein wenig auf die Hochzeit zu freuen.

Und endlich war es so weit. Uschis Hochzeitstag fing für uns alle früh an, es war ein Gewimmel im ganzen Haus. Endlich stand die Braut in der Tür: Wunderschön sah sie aus, meine große Schwester! Sie trug ein knielanges, weißes Kleid mit einem gebauschten Rock, und auf ihrem Kopf trug sie einen kurzen Schleier und eine „Pillbox" (das ist ein sehr kleiner, runder Hut, der durch Jacky Kennedy berühmt geworden ist). Uschi ist immer sehr hübsch gewesen, aber an diesem Tag sah sie mindestens wie eine Prinzessin aus, fand ich. Und sie strahlte, wie eine junge Braut strahlen soll.

Bald kam auch der Bräutigam an, verlegen, aber auch sehr gut aussehend in seinem feinen, schwarzen Anzug und dem kleinen Blütenstrauß am Revers. Die zwei waren schon ein schönes Paar!

Mir allerdings wurde jetzt klar, dass es ernst wurde: Meine Schwester heiratete und ging weg! Und zwischen all den glücklichen Leuten stand plötzlich ein weinendes, kleines Mädchen, das die Hand der großen Schwester nicht loslassen und unbedingt im Auto der Brautleute mitfahren wollte. Und so geschah es auch: Anstatt sich auf dem Weg zu ihrer Hochzeit miteinander befassen zu können, kümmerten sich meine große Schwester und mein zukünftiger Schwager um die kleine Schwester. Zum Glück fand die Hochzeit im Nachbarort Norden statt, sodass ich mich beruhigen konnte, bevor es in die Kirche ging.

Und dann war es so weit: Das Hochzeitsauto erreichte den Eingang der Kirche, die Glocken läuteten, und vor der Tür wurde das Brautpaar vom Pastor in seinem feierlichen schwarzen Talar mit dem weißen Bäffchen erwartet. Jetzt kam mein Auftritt, und mit meinem Blumenkörbchen in der Hand stieg ich tapfer aus und hätte wahrscheinlich sogar mein Amt erfüllt, wenn der Pastor nicht auf die Idee gekommen wäre, mir den Kopf zu tätscheln und irgendetwas wie „Na, Blumenkind!" zu sagen. Und ich, ich sah nur den großen Mann in Schwarz. Die riesige, unbekannte Kirche, die vielen Leute. Und ich hörte den Lärm der Glocken, der die Stimme des Pastors fast überdeckte, und rannte voller Panik zu meiner Schwester. Angeblich soll ich dabei entsetzt und ziemlich laut „Hilfe, der schwarze Mann!" gerufen und mich im Rock meiner Schwester geborgen haben. Und danach war ich nicht zu bewegen, auch nur einen Schritt von ihrer Seite zu weichen. Nicht mit diesem gefährlichen, schwarzen Menschen in der Nähe! Und so schritten meine Schwester und mein Schwager mit einem kleinen, verheulten Blumenmädchen in ihrer Mitte zum Altar, das sich furchtsam an ihre Hände klammerte und nicht zu bewegen war, auch nur eine einzige Blüte zu werfen. Zum Glück nahm meine Mutter mich am Altar in Empfang, sonst hätten wir noch zu dritt geheiratet.

Meine Schwester hat mir später oft lachend davon erzählt, wie ich dem „schwarzen Mann" begegnet bin. Und auch, wenn zu ihrer Hochzeit keine Blumen gestreut wurden, sind die beiden einen langen Weg miteinander gegangen.

Biografische Fragen

Was fällt Ihnen ein, wenn Sie an Ihre Hochzeit denken?
Gibt es da auch eine heitere Geschichte?
Wie sah Ihr Hochzeitskleid bzw. Ihr Hochzeitsanzug aus?
Hatten Sie eine große Hochzeitsfeier, oder feierten Sie im kleinen Kreis?
Waren Sie selbst auch einmal ein Blumenkind?
Wie verliefen die Hochzeitsfeiern Ihrer Kinder?
Haben Sie auch schon verheiratete Enkel oder Urenkel?

Dekorationsidee

Stellen Sie ein Körbchen mit Blüten auf den Tisch, und verteilen Sie einige Blüten auf der Tischdecke.

22

Der Tag, als Präsident Kennedy starb

Immer wieder im Leben gibt es Tage, die ein ganzes Land, vielleicht sogar die ganze Welt nicht vergisst. Das sind Tage, von denen man noch Jahre später weiß, wo man war und was man gemacht hat, als „es" passierte.

Der 22. November 1963, als John F. Kennedy starb, ist so ein Tag gewesen. Wissen Sie noch, wo Sie waren, als Sie hörten, dass man den amerikanischen Präsidenten erschossen hat?

In Deutschland war es Abend, als es passierte, und das ZDF unterbrach seine Sendung um zehn vor acht mit einer Sondermeldung. Man schickte einen Sprecher mit schwarzer Krawatte ins Studio. „Angeblich hat es ein Attentat auf John F. Kennedy gegeben! Wir melden uns, wenn wir Genaueres wissen." War das die traurige Wahrheit? Oder war es eine Ente, ein Gerücht? Erst um 20.14 Uhr unterbrach der Tagesschausprecher Karl-Heinz Köpke seinen Text für eine aktuelle Nachricht: „Präsident Kennedy ist heute Abend um 20 Uhr mitteleuropäischer Zeit an den Folgen eines Attentats gestorben ..."

Bald schon flimmerten die ersten Berichte aus Dallas über die Bildschirme. Den Zuschauern stockte der Atem. Auf der ganzen Welt trieben die Bilder den Menschen die Tränen in die Augen.

Ein Schuss aus dem Hinterhalt

In Dallas war die Wagenkolonne des Präsidenten von der Elm Street nach links in die Houston Street eingebogen, als das Attentat stattfand.

Drei Schüsse trafen den Präsidenten auf dem Rücksitz der offenen blauen Limousine. Er habe noch so nett gelächelt, berichtete später seine Frau, Jackie Kennedy. Dann sei ein verwunderter Ausdruck in seine Augen getreten, er fiel vornüber und sackte im Wagen zusammen.

Die Limousine raste sofort zum Parkland Hospital. Jackie Kennedy redete noch auf ihren Mann ein. Aber es war schon zu spät. Um 13 Uhr stellten die Ärzte den Tod des Präsidenten fest.

Die ganze Welt ist geschockt

In ganz Deutschland gab es in den nächsten Tagen kein anderes Thema als den Mord am amerikanischen Präsidenten.

In Berlin bildete sich spontan ein Fackelzug zum Schöneberger Rathaus. Die Berliner trauerten um einen Mann, der für sie ein Symbol der Freiheit gewesen war, und dessen Satz „Ich bin ein Berliner“ sie bis heute nicht vergessen haben.

Politiker verlasen Beileidsbekundungen. „Wir trauern um den Weltbürger Kennedy“, sagte etwa Altbundespräsident Heuß. Und Bundeskanzler Ludwig Erhard: „Man spürt ein Rauschen überm Haupt und ein Wehen an der Wange hin.“

Viele Menschen waren besonders von der Rede des Regierender Bürgermeisters von Berlin, Willy Brandt, bewegt: „Eine Flamme ist erloschen, erloschen für alle Menschen, die auf einen gerechten Frieden hoffen und auf ein besseres Leben.“

Eine große Zeitung schrieb: „Es ist, als sei die Zukunft gestorben.“

Meine Mutter erzählte mir später, sie habe geweint, als sie die Nachricht vom Tod Kennedys hörte. Und noch einmal, als sie bei der Trauerfeier seinen kleinen Sohn sah, der vor dem Sarg seines Vaters salutierte. Tagelang hätte es kein anderes Gesprächsthema gegeben, als diesen sinnlosen Tod.

Solche Tage sind wie Haltepunkte unserer Erinnerung. So viele Tage, Jahre, ja Jahrzehnte, rasen in der Erinnerung einfach so vorbei, und wir können uns kaum an sie erinnern. Und dann gibt es Tage wie diesen, Tage, die wir nicht vergessen können. Sie sind uns so deutlich eingeprägt, dass wir wissen, was wir damals dachten, fühlten, sahen. Was für eine seltsame Sache ist das mit unseren Erinnerungen!

Biografische Fragen

Wo waren Sie, als Kennedy starb?
Was haben Sie damals gedacht und gefühlt?
Gibt es noch mehr solcher Tage, die Ihnen im Gedächtnis geblieben sind?

23
Im Kindergottesdienst

Früher war der Pastor ja eigentlich für alles zuständig: Er hielt die Predigt, leitete die Gemeinde, machte Taufen, Beerdigungen, gratulierte den Jubilaren und hielt den Kindergottesdienst ab.

Ich kann mich daran erinnern, dass Oma Rokoß jeden Sonntag treu zur Kirche ging. Als ich ganz klein war, ging sie sogar noch früher als sonst in die Kirche, denn vor dem Gottesdienst für die Großen hielt Pastor Albers den Kindergottesdienst für die Kleinen ab. Bis zur Kirche durfte ich noch nicht alleine gehen, und so machte sich Oma Rokoß immer mit mir zusammen auf den Weg. Sie saß ganz hinten, und wir Kinder versammelten uns in der ersten Reihe.

Ich weiß fast nichts mehr von damals, nur, dass der Altar wunderschön war: Blau und Gold waren die Farben, daneben ein Sternenhimmel. Pastor Albers erzählte eine Geschichte, man sang ein Lied, und dann gab es noch ein Bibelbildchen. Das fand ich wunderbar, denn ich bekam schon immer sehr gern etwas geschenkt.

Aber das war damals nicht mein einziger Kindergottesdienst! Nein, in der Woche besuchte ich noch die Kinderstunde der Freien evangelischen Gemeinde. Der Pastor der Gemeinde war Kunde unserer Tankstelle, und ihm fiel das kleine Mädchen auf, das immer hinter seiner Mutter herrannte, sie am Kittel zupfte und versuchte, ihre Aufmerksamkeit zu bekommen. Eines Tages, als er merkte, dass Mutter besonders gestresst war, fragte er sie einfach: „Bei uns gibt's eine Kinderstunde, wie wäre es, wenn ich Ihre Tochter einfach mal abhole? Das wird ihr sicher Spaß machen!" Zum Glück sagte meine Mutter ja, und so begann eine sehr schöne Zeit in meinem Leben. Denn ich liebte die Kinderstunde.

Das lag auch an Mariechen. Sie war die Leiterin der Kinderstunde, und sie war ein wirklicher Kindertraum: Klein, mit einem strahlenden, ansteckenden Lächeln, die Haare immer zu einem geflochtenen Knoten auf dem Kopf zusammengesteckt, war sie ein wirklicher Schatz. Man konnte deutlich merken, dass sie Kinder sehr gern hatte. Und sie konnte viel besser Geschichten erzählen als der Pastor! Ich liebte es auch, wenn sie uns mit ihrer Gitarre beim Singen begleitete. Zum Beispiel:

Gott ist die Liebe,
lässt mich erlösen,
Gott ist die Liebe.
Er liebt auch mich.

Das haben wir oft gesungen. Mariechen hat mir ganz früh etwas davon vermittelt, dass Gott an uns Menschen liegt. Das habe ich mein ganzen Leben in mir getragen, und es hilft mir bis heute. Was für merkwürdige Zufälle manchmal unser ganzes Leben beeinflussen können!

Biografische Fragen

Haben Sie als Kind auch einen Kindergottesdienst besucht?
Hat es Ihnen gefallen?
Wie sah die Kirche Ihrer Kindheit aus?
Wie haben Sie es dann später in Ihrem Leben mit dem „lieben Gott“ gehalten?
Gab es in Ihrer Kindheit Menschen, die besonders gut zu Ihnen waren und denen Sie viel verdanken? Wer war das?

Aktivierungsidee

Singen ist Balsam für die Seele. Es tut der Atmung gut, hebt die Stimmung und aktiviert das Gehirn. Gemeinsames Singen erzeugt ein Gefühl von Gemeinschaft und ist gut gegen die Einsamkeit. Also, trauen Sie sich an einen Singenachmittag heran. Kopieren Sie dafür die Texte alter Schlager, Volkslieder oder auch alter Kirchenlieder.

Das Lied: „Gott ist die Liebe“ z. B. (gesungen nach der Melodie „Am Weihnachtsbaum die Lichter brennen“) wird sehr vielen alten Menschen noch in Erinnerung sein.

Gott ist die Liebe

1) Gott ist die Liebe, lässt mich erlösen,
Gott ist die Liebe, Er liebt auch mich.

Refr.: Drum sag ich noch einmal: Gott ist die Liebe!
Gott ist die Liebe, Er liebt auch mich.

2) Ich lag in Banden der bösen Sünde,
ich lag in Banden und konnt nicht los.

3) Ich lag im Tode, des Teufels Schrecken,
ich lag im Tode, der Sünde Sold.

4) Er sandte Jesus, den treuen Heiland,
Er sandte Jesus und macht mich los.

5) Jesus, mein Heiland, gab sich zum Opfer,
Jesus, mein Heiland, büßt meine Schuld.

6) Du heilst, o Liebe, all meinen Jammer,
Du stillst, o Liebe, mein tiefstes Weh.

7) Du füllst mit Freuden die matte Seele,
Du füllst mit Frieden mein armes Herz.

8) Du lässt mich erben die ewge Freude,
Du lässt mich erben die ewge Ruh.

9) Dich will ich preisen, Du ewge Liebe,
Dich will ich loben, solang ich bin.

24
Dauerwellen und Heimtrockenhauben

Kennen Sie noch den Spruch „Mach Locken, sonst bleibste hocken"?

Ich habe den Eindruck, als hätten früher alle erwachsenen Frauen Dauerwelle und Locken getragen. Nur jüngere Frauen trugen hoch toupiertes Haar, manche sogar die damals berühmten „Bienenkorbfrisuren", bei denen das Haar wie ein Bienenstock hoch auf dem Kopf saß. Meine Schwestern waren für solche Haargebilde zu vernünftig, und meine Mutter war, solange ich sie kenne, Trägerin einer kompakten, ordentlichen Dauerwellfrisur.

Ganz früher hat man ja Lockenscheren benutzt. Die kenne ich sogar noch, weil meine Schwester mir manchmal, als ich noch klein war, mit so einer Brennschere Locken gedreht hat. Die Brennscheren wurden im Ofen erhitzt, und anschließend wurden die Haare damit aufgedreht.

Und dann kamen die Dauerwellen. Erfunden wurde die Methode schon im Jahr 1906 von dem deutschen Frisör Karl Ludwig Nessler. Ihre Hochzeit hatten sie aber in den 50er- bis 70er-Jahren. Wer erinnert sich nicht an die „Mutter der Nation", Inge Meysel, mit ihrer typischen Dauerwelle-Frisur? In den 70ern trugen dann auch Männer Dauerwelle. Fußballer wie Paul Breitner zum Beispiel. Oder Sänger wie Drafi Deutscher oder Elton John. Erinnern Sie sich noch an die?

„Die Haare müssen gepflegt sein!“, fand auch meine Mutter. Und so ließ sie etwa alle 4 bis 6 Wochen die Haare beim Frisör behandeln. Wenn man, wie sie, nicht viel ausgeht, dann ist so ein Frisörbesuch schon etwas Besonderes. So kam sie von dort immer gut gelaunt, schön duftend und fein aufgehübscht nach Hause, machte sich einen Kaffee und setzte sich mit Tasse und Zigarette in unsere Wohnstube, um erst mal wieder „anzukommen“.

Und einmal pro Woche war „Lockenwicklerabend“. Mutter wusch sich die Haare, und meine Schwester Uschi wartete unten schon mit allen nötigen Utensilien: Kamm und Lockenwickler lagen bereit, der Haarfestiger stand auf dem Tisch, das Haarnetz und der Frisierumhang lagen daneben und die Heimtrockenhaube war aufgebaut und wartete auf ihren Einsatz. Dann ging es los: Ein Strähne nach der nächsten wurde aufgewickelt, und während Mutters Kopf von immer mehr Lockenwicklern unterschiedlicher Größe verschönt wurde, saßen wir zusammen, schwatzen, tranken Fanta und Cola, aßen Ernussflips und sahen uns an, was der Fernseher zu bieten hatte. Alle Erwachsenen rauchten, denn damals interessierte sich kein Mensch dafür, dass das ungesund ist. Meine Mutter benutzte Zigarettenrauch sogar zu Heilzwecken, wenn ich Ohrenschmerzen hatte. Dann blies sie mir diesen ins Ohr, und ich glaube mich zu erinnern, dass es mir gefallen hat.

Waren alle Haare aufgedreht und das Haarnetz platziert, kam Mutter unter die Haube. Die Gespräche wurden schwieriger, denn damals waren die Trockenhauben nicht gerade leise. Aber egal: Dann dreht man den Ton des Fernsehers eben höher und redet etwas lauter.

Und war Mutter dann fertig, wurde sie von Uschi schön frisiert, und man konnte merken, dass es ihr gutgetan hatte, ein bisschen was für sich selbst zu tun.

Wenn ich mich zurückerinnere, scheint es mir, als hätte man damals Alltägliches genutzt, um eine schöne Zeit miteinander zu verbringen. Und je älter ich selbst werde, umso mehr solcher Geschichten fallen mir ein und lassen mich lächeln.

Biografische Fragen

Sind Sie früher gern zum Frisör gegangen?
Haben Sie sich die Haare selbst aufgedreht?
Wie trugen Sie die Haare als junges Mädchen/junger Mann?
Gab es in Ihrem Haushalt eine Heimtrockenhaube?
Haben Sie früher auch geraucht?

25
Sturm an der Küste

Ich habe meine Kindheit in Ostfriesland verbracht. Ostfriesland liegt an der Nordsee, und man könnte denken, alle Ostfriesen wären richtige Wasserratten. Aber das stimmt nicht. Mein Heimatort liegt einige Kilometer vom Strand entfernt, und ich glaube fast, die Touristen, die jedes Jahr ihren Urlaub in Ostfriesland verbracht haben, waren häufiger am Meer als ich. Und eine Insel besuchte ich auch erst, als ich bereits 11 Jahre alt war und meine Patentante Hilla mich nach Norderney mitnahm.

Ausflüge an den Strand? Fehlanzeige. Deichspaziergänge? Manchmal. Ein Besuch im Hafen von Norddeich bei starkem Wind und Sturmflut? Immer!

Kleinere Sturmfluten sind für die Bewohner der Küste nichts Besonderes. Vor allem, wenn Mond und Sonne in einer Achse zur Erde stehen, addieren sich die Kräfte zur *Springtide*, es kommt also zu besonders hohen Wasserständen. Wenn es dann noch stürmt, kann es schnell zu einer Sturmflut kommen – das Wasser steigt einen Meter höher als normal.

Mit unserer Vorliebe für solche Wetterverhältnisse waren wir keine Ausnahme, da geht es vielen Einheimischen ähnlich („Mal eben na'n Water kieken!"). Ein Gefühl von Gefahr gab es eigentlich erst bei sehr schweren Sturmfluten (mit drei Meter höherem Wasserstand), denn dann geriet alles aus den

Fugen, und die Menschen sahen ängstlich zum Deich und hofften, dass er hielt.

Wir Ackermanns waren richtige Sturmliebhaber. Bei einem Sturm kann man sich auf einem Deich in den Wind lehnen, ohne umzufallen. Es ist so laut, dass man schreien muss, um sich zu verständigen, der Wind zerrt an Jacke, Mütze und Schal. Er ist eine Urgewalt, wunderbar und gefährlich zugleich. Er peitscht das Wasser in Richtung der Küste, treibt es gegen die Deiche, die das Land davor schützen, überflutet zu werden. In früheren Jahrhunderten kam es immer wieder zu Deichbrüchen, bei denen viele Menschen zu Tode kamen, aber in unseren Zeiten hat der Deich immer gehalten.

Manchmal fuhren wir während einer Sturmflut nach Norddeich, um uns das Spektakel anzusehen. Das Hafengelände war dann überflutet, die See klatschte in wütenden Wellen aufs Land, der Wind war voller Salzwasser und fühlte sich wie Regen an. Der Sturm rüttelte heftig an allem, was beweglich war. Laternen, Schilder und die Fahrkartenhäuschen der Schifffahrtsbetriebe standen im Wasser.

Der Sturm war manchmal so stark, dass das Auto hin und her gerüttelt wurde.

Wenn man während eines Sturms das Auto verlässt, geht man nicht weit weg. Das wäre nicht nur gefährlich, sondern auch anstrengend, denn man muss sich bei jedem Schritt gegen die Kraft des Windes lehnen und sich schrittweise vorkämpfen. Deshalb sind wir meistens gleich im Wagen sitzengeblieben und haben so getan, als säßen wir in einem Kino.

In meiner Erinnerung ist das mit einem angenehm gruselig-geborgenen Gefühl verbunden. Der dunkle Himmel, die Naturgewalten – und im warmen Inneren des Autos saßen meine Eltern und ich zusammen, und ich fühlte mich sicher und wohl.

Biografische Fragen

Waren Sie schon einmal an der Nordsee?
Haben Sie schon eine Insel besucht?
Haben Sie eine Sturmflut erlebt?
Mögen Sie lieber die See oder die Berge?
Wann haben Sie sich als Kind besonders geborgen gefühlt?

26 Friedhofsbesuche

Nachbarskinder sind doch einfach ein echter Schatz, nicht wahr? Wenn man Glück hat, wohnen direkt im Nebenhaus die besten Spielkameraden, und man muss nur zur Tür hinaus, um andere Kinder zu treffen, mit denen man spielen kann.

So war das auch bei uns, denn gleich nebenan wohnte mein Freund Marten. Wir waren gleich alt, und so war es auch normal, dass wir ganz ähnliche Interessen hatten.

Gegenüber von uns lag der Friedhof, und der war für uns Kinder sehr interessant. Man konnte sich zum Beispiel ausdenken, was das wohl für ein Mensch gewesen war, der da im Grab lag, wie er gelebt und gestorben war. Besonders zogen uns die Kindergräber an. Es war ein seltsames Gefühl, solch einen Grabstein zu sehen und daran zu denken, dass dieses Kind nicht älter gewesen war als man selbst.

Besonders angeregt wurde unsere Fantasie von der alten, ungepflegten Grabstelle eines Mädchens mit ausländischem Namen. Keiner kümmerte sich mehr um dieses Grab. Waren die Eltern weggezogen, waren sie auch verstorben? Was war mit diesem Mädchen passiert? Wir dachten uns viele Geschichten aus: Vielleicht hatte sie etwas Giftiges getrunken, war von einem Auto überfahren worden, oder die Eltern hatten einen Zirkus, und sie war vom Hochseil gefallen?

Es tat uns leid, dass sich niemand mehr um sie kümmerte, dass keiner außer uns traurig war über ihren Tod. Und so fingen wir an, ihr Grab zu pflegen. In der Ecke für die Grababfälle fand man manchmal noch Pflanzen, die man noch verwenden konnte, und so bepflanzten wir ihr Grab mit Stiefmütterchen, Vergissmeinnicht, Primeln, Heidekraut und allem, was wir finden konnten. Wir sammelten die Plastikblüten, die man manchmal auf Gestecken oder Kränzen fand, und steckten sie rund um den Stein in die Erde. Wir machten es so schön, wie wir es konnten. Oft saßen wir an ihrem Grab und erzählten ihr etwas, und sie schien uns fast als Vertraute.

Manchmal fand man im Abfall auch noch nicht verblühte Schnittblumen. Es tat mir so leid, sie dort einfach liegen zu lassen, und so sammelte ich sie immer wieder zusammen und nahm sie mit, um sie meiner Mutter zu schenken. Die war aber überhaupt nicht dankbar, im Gegenteil! Jedes Mal schimpfte sie mit mir: „Friedhofsblumen! Was denkst du dir nur! Die bringst du jetzt sofort zurück!“ Und dann trottete ich mit meinem schönen Strauß traurig wieder über die Straße und stellte ihn irgendeinem Menschen auf das Grab. Die Angehörigen werden sich gewundert haben!

Biografische Fragen

Hatten Sie als Kind einen besten Freund/eine beste Freundin?
Was haben Sie miteinander unternommen?
Hatten Sie als Kind auch manchmal so seltsame Ideen wie die, die in der Geschichte beschrieben wurde?
Fanden Sie Friedhöfe als Kind unheimlich?

27
Marten, ich und die gestohlene Seife

Mein Freund Marten und ich verbrachten als Kinder sehr viel Zeit miteinander. Martens Mutter, Tante Leni, fuhr manchmal mit uns per Rad nach Norden ins Schwimmbad. Das war für mich eine echte Sensation! Und weil ich so viel mit Marten zusammen war und seine Mutter so gern hatte, war ich ganz viel drüben bei ihnen, rannte rein und raus, bekam was zu trinken oder saß im Garten.

Einmal fiel mir auf, dass im Badezimmer eine ganz besondere Seife lag. So etwas hatte ich noch nie gesehen! Sie war durchsichtig, und in der Seife eingeschlossen war eine kleine Figur. Ich weiß nicht mehr, was es war, vielleicht ein kleiner Hund? Ich jedenfalls war begeistert – und neidisch. Marten hatte so etwas Schönes, und ich? Ich hatte gar nichts (so ist das ja oft, wenn man neidisch wird: Alles, was man hat, ist plötzlich gar nichts mehr wert).

Ab da wusch ich mir sehr oft die Hände, und jedes Mal betrachtete ich eifersüchtig Martens Seife. Und eines Tages steckte ich sie einfach ein. Ganz schnell ging das, und dann rannte ich aus dem Bad. Nur nicht nachdenken, schnell nach Hause! „Tschüss!“, rief ich noch im Vorbeirennen und war mit meiner Beute verschwunden.

Ganz außer Atem kam ich daheim an und verschwand gleich in meinem Zimmer, um meinen Schatz zu betrachten.

Jetzt war das meine Seife, meine! Ich drehte sie aufgeregt hin und her, aber ich konnte mich gar nicht mehr freuen, dass ich sie jetzt hatte. Im Gegenteil, mir war sehr ungemütlich zumute. Die würden doch merken, dass die Seife weg war! Und dann? Wie sollte ich jetzt noch rübergehen zu Tante Leni, wie konnte ich mich morgen mit Marten treffen? Ich hatte ihn bestohlen! Ich konnte natürlich einfach sagen, ich hätte nichts getan. Aber würde mir das irgendwer glauben?

Beim Abendessen war ich sehr still. Als Marten kam, um mit mir Sandmännchen zu gucken, konnte ich ihn kaum ansehen. So sehr schämte ich mich. Und ich hatte große Angst. Was würde passieren, wenn herauskam, was ich getan hatte? Am besten, ich warf die Seife einfach weg. Aber sie gehörte mir ja gar nicht!

So ging es mir den ganzen Abend und den nächsten Tag, und natürlich merkte meine Mutter, dass etwas nicht stimmte. Am Abend, als ich mich bettfertig machte, fragte sie mich so lange aus, bis ich endlich alles gestand. Meine Mutter schüttelte den Kopf, sah mich streng an und meinte: „Das bringst du morgen früh gleich in Ordnung. Dann gehst du mit der Seife rüber, entschuldigst dich und gibst sie zurück."

In dieser Nacht habe ich kaum geschlafen. Und früh am nächsten Morgen machte ich mich reumütig auf, um meinen Diebstahl zu gestehen.

Ich weiß heute gar nicht mehr, wie Marten und Tante Leni reagiert haben, ich weiß nur noch, wie furchtbar ich mich fühlte und wie sehr ich mich geschämt habe.

Ich glaube, dieser Weg mit meiner gestohlenen Seife zurück zu den Leuten, die ich bestohlen hatte, war ein sehr heilsamer Weg. Ab da habe ich „Dein“ und „Mein“ jedenfalls gut auseinanderhalten können. Und es scheint, man hat mir vergeben: Am nächsten Tag haben wir wieder einträchtig miteinander gespielt.

Biografische Fragen

Haben Sie als Kind auch schon einmal etwas angestellt, das Ihnen gar keine Ruhe mehr ließ?
Wie wurde in Ihrer Kindheit damit umgegangen, wenn Sie etwas angestellt hatten?
Wie haben Sie das später in Ihrer eigenen Familie gehalten?

Extramaterial: Ein Lexikon alter Begriffe

Hier finden Sie eine Reihe von Begriffen, die man heute nicht oder kaum mehr benutzt. Diese Begriffe können Sie zwischendurch in die Runde werfen, um ein Gespräch zu initiieren. „Kennen Sie eigentlich noch ...?“ Als zusätzlichen Impuls können Sie Bilder der Begriffe im Internet suchen, ausdrucken und zeigen.

Henkelmann

Ein *Henkelmann* (auch *Döppen*, *Düppe* oder *Mitchen*) war ein Behälter aus Blech/Emaillie, der an einem Henkel getragen wurde, und in den man früher das zu Hause zubereitete Essen verpackte, um es zum Arbeitsplatz mitzunehmen und ohne Umfüllen im Wasserbad aufwärmen zu können.

Backfisch

Mit *Backfisch* hat man früher einen weiblichen Teenager benannt. Die Jungs im selben Alter nannte man eher „**Halbstarke**“.

Blümchenkaffee

Mit *Blümchenkaffee* bezeichnete man einen sehr dünnen Bohnenkaffee. Kaffee war ja lange ein Luxusartikel. 1951 zahlte man für ein Pfund Kaffee zwölf Mark – fast unerschwinglich für einen Arbeiter, der durchschnittlich gerade einmal 200 Mark in seiner Lohntüte hatte. Deshalb wurde der gute Bohnenkaffee gestreckt und verdünnt, bis man das Blümchenmuster sehen konnte, das den Boden der Tasse verzierte.

Bratkartoffelverhältnis

Als *Bratkartoffelverhältnis* bezeichnet man eine lose Liebes- oder auch Zweckbeziehung: eine Beziehung, bei der – meist – der Mann keine wirkliche Bindung eingehen wollte, sich aber gerne an den gedeckten Tisch setzte.

Tausendsassa

Tausendsassa war eine Bezeichnung für eine Person mit vielen Begabungen. Vergleichbare Bezeichnungen sind „Multitalent“ und „Alleskönner“.

Wuchtbrumme

Eine üppige Frau wurde früher *Wuchtbrumme* genannt.

Auf dem Kiewief sein

Kiewief kann „auf Zack sein“, „gut informiert sein“, aber auch „auf der Hut sein“ bedeuten.

Kiewief leitet sich vom französischen *Vivre-sur-le qui-vive* ab, was bedeutet, „in Alarmbereitschaft leben“.

Vatermörder

Ein *Vatermörder* ist ein steifer, vorne offener hoher Stehkragen eines Herrenoberhemdes, der separat auf das kragenlose Hemd geknöpft wird. Die lose nach oben abstehenden spitzen Enden des Vatermörders reichen bis an das Kinn. Heute trägt nur noch Karl Lagerfeld so etwas.

Kokolores

Kokolores ist ein Begriff, mit dem man Unsinn, Jux, Quatsch bezeichnet. Wahrscheinlich ist er in Berlin entstanden.

Maulaffen feilhalten

„Halt keine Maulaffen feil!“, sagte man, wenn jemand tatenlos herumstand. Wahrscheinlich kommt der Begriff aus dem plattdeutschen: *„he hält dat Mul apen“*, „er hält das Maul offen“, aus dessen letztem Teil dann wohl die *Maulaffen* entstanden sind.

Bandsalat

Ein Wirrwarr, das entsteht, wenn sich bei Tonbandgeräten oder Kassettenrekordern die Bänder verwickeln. Bei Kassetten hat man dann meist einen Bleistift benutzt, um das Band wieder einzurollen.

Fräulein vom Amt

Als Anrufe noch nicht automatisch an die gewählte Nummer weitergeleitet wurden, musste man sich zunächst mit dem

Amt verbinden lassen. Dort gab es Telefonistinnen, die die Anrufer dann zum Angerufenen weiterleiteten, indem sie die entsprechenden Drähte zusammenstöpselten.

Trottoir

Das Wort *Trottoir* wurde früher oft für den Gehweg (den „Bürgersteig") benutzt. Es stammt aus dem französischen Sprachraum.

Alte Jungfer

Früher wurde eine unverheiratete Frau oft abfällig als *alte Jungfer* bezeichnet. Jungfer ist ein heute nicht mehr gebrauchter Begriff für „Jungfrau".

Hagestolz

Als *Hagestolz* bezeichnete man früher einen älteren, „eingefleischten" unverheirateten Mann, der von anderen als etwas kauzig angesehen wurde.

Etepetete sein

Etepetete ist man dann, wenn man sich in der Öffentlichkeit geziert und pingelig aufführt.

schurigeln

Jemanden zu *schurigeln* bedeutet, einen Menschen zu schikanieren und zu quälen.

Wer jemanden *schurigelt*, drangsalisiert ihn meist unter Ausnutzung einer Machtposition, z. B. beim Militär. Das Wort leitet sich von *schürgeln* ab, was hin- und herschieben heißt.

Hier finden Sie noch mehr alte Begriffe:
www.retropedia.de